京都怪談
猿の聲

三輪チサ、緑川聖司、Coco
舘松妙、田辺青蛙

竹書房
怪談
文庫

目次

三輪チサ

Chisa Miwa

福岡県生まれ。大阪府枚方市在住。「ひらかた怪談サークル」主宰。2009年「黒四」で第一回『幽』怪談実話コンテスト大賞を受賞。2010年「捻じれた手」で第五回『幽』怪談文学賞長編部門を受賞、『死者はバスに乗って』と改題しデビュー。

北大路

　心霊スポットや怪談会に行って、頭が痛くなったとか気分が悪くなったという話はよく聞く。だがTさんの友人、Kさんは、少し変わった体質の持ち主である。彼はそうした場所の中でも特に「よくない」ところに行くと、やたらお腹が空いて眠くなるのだそうだ。Tさんや同行した仲間が体調不良を訴える中、「腹減った、コンビニ寄って」と言う。皆が怖いヤバいと震えている中、ひとりぐうぐう寝ている。逆に、彼が空腹や眠気を訴えていないなら、異様な気配がしていてもまぁ大丈夫、というバロメーターになるらしい。

　四年ほど前のこと。Tさんは大阪市内に用事があり、Kさんとその彼女を誘って車で出かけた。用事を済ませ、せっかく付き合ってもらったのだから「オモロいとこに連れて行ったるわ」と、とあるレジャービルに向かった。ビル内にある不気味な「あかずの廊下」を、二人に見せたかったのだ。

　他の階には営業している飲食店が多数入っているのだが、その階だけは何故かすべて空き室になっている。かつて店が入っていただろうスペースは、入り口が赤い格子で塞がれている。

「誰かが格子の向こうから見ている気がする」

嫌がる彼女を残し、TさんとKさんは使われていないトイレに入ってみた。明かりは点かず、天井が一部剥《は》がれて落ちていた。水も出ない。不気味な雰囲気ではあるが、特別変わったことはない。ビルを出て、Kさんたちを送るため、京都に向かった。

ラーメンを食べ、京都市周辺を何となくぐるぐる走り回り、車中で気ままなおしゃべりを楽しんだ。

日付が変わって、深夜一時頃。北大路《きたおおじ》のバス停近くで、赤信号にひっかかった。停車していると、少し開けた運転席の窓から、微《かす》かに女性の声が聞こえてきた。空港で発着便をアナウンスするような、きれいな声だ。整った丁寧な口調であるのはわかるが、内容までは聞き取れない。こんなところで、一体何のアナウンスだろう？　不思議に思っていると、信号が青になった。

車を発進させるが、女性の声は変わらず聞こえてくる。しかも、バス停から離れても、声の大きさも様子も変わらない。妙に思い、Tさんは窓を閉めてみた。

まだ聞こえる。

まさか、車内で声がしている？

後部座席の二人に聞いてみようとしたが、二人はまったく別の話で盛り上がっている。水を差すのも悪いと思い、Tさんはそのまま黙って車を走らせていた。

「Tさん、赤！」

突然の声にぎょっとした。目の前の信号が赤だった。慌ててブレーキを踏む。

「どうしたんですか！　大丈夫ですか？」

「えっ、あれっ――？」

信号はまったく目に入っていなかった。危なかった、もう少しで交差点に突っ込むところだった。

深く息をし、ばくばくする心臓をなだめながら、Tさんは二人に尋ねた。

「さっきから、女の声がせえへんか？　空港のアナウンスみたいな、きれいな声」

ルームミラーの中で、二人が揃って首を傾《かし》げている。

「いや、聞こえてませんけど――今もまだ声がしますか？」

言われてTさんは耳を澄ませた。

聞こえない。

青信号になり、車を発進させても、声が再び聞こえてくることはなかった。

後部座席で、Kさんの彼女がぼそりといった。

「さっきから、あのビルで見た廊下の光景が、ずっとフラッシュバックするんだよね。頭から追い払っても追い払っても、少しするとまた思い浮かぶんだよ。何か、嫌な場所だったよね」

ルームミラーの中の、彼女の表情が暗い。

「何か、めちゃくちゃ腹減った。Tさん、コンビニに寄ってください」

唐突にKさんが言った。

「お前、さっき、たらふく食ったとこやんけ！」

「いやー、何でしょうね、めっちゃ腹減ってます」

コンビニでKさんはおにぎりを買い、店を出るなり旨そうに頬張った。

Kさんたちが同乗していなかったら——Tさんは改めてぞっとした。早くに二人と別れ、自分ひとりで帰っていたら、きっと大きな事故を起こしていただろう。

Tさんはこれまで Kさんといろんな「よくない」場所に行ってきたが、Kさんか「Kさんを守っているもの」に自分も守られてきたのだと、つくづく思ったという。

宇治川大橋

伏見《ふしみ》区の宇治川《うじがわ》に、宇治川大橋が架かっている。

日本三古橋のひとつである宇治橋のほうは、丑《うし》の刻参りの橋姫《はしひめ》伝説で有名だ。十円玉の表の柄になっている平等院も近いので、観光客や修学旅行生で賑わっている。一方宇治川大橋のほうは、ずっと川下の国道一号線にかかる、商用車やトラックが疾走する四車線の橋である。

例によってTさんは、KさんとKさんの彼女、そしてもうひとりの友人と共に、気ままなドライブを楽しんでいた。怪談好きの四人は、車内で「さかさま幽霊」の話で盛り上がっていたという。

宇治川大橋の真ん中あたりに差し掛かったとき。

「うわっ!」

「ひゃあっ!」

Tさんと、Kさんの彼女が同時に声を上げた。

「な、何なん？　どないしたん？」

Kさんと友人が二人の顔を見る。

「何か変なものを通り抜けた――」

Tさんが言った。

「一瞬、何か変なものの中に入った」

Kさんの彼女が言った。

Tさんはそのとき、ぼんやりした白い門のようなものが前から迫ってきて、あっという間に通り抜けてしまったように感じた。

Kさんの彼女は、何かゼリー状のものに車ごと突入し、やわやわした生温かい塊《かたまり》の中を一瞬で通り抜けた、と言う。

Tさんは右側の運転席、Kさんの彼女はそのすぐ後ろ。彼女の左隣にKさん、その後ろの席に友人が座っていた。つまり、車の右半分に座っていた人だけが目に見えない「何か」を通り抜け、車の左半分に座っていた人は、何も感じなかったということになる。

「お前がめっちゃ怖すぎる話するから、変な目に遭うねん！」

Tさんは後ろのKさんを睨《にら》んだ。

Kさんは例によって「腹が減った」と言っていたそうだ。

以下の二話は、小泉怪奇さんから聞いた話である。

売れない町屋

コロナ禍で旅行者が入国できなくなる以前は、京都は海外旅行者であふれ返っていた。観光地も目抜き通りも、中国語と韓国語が飛び交い、異国情緒満載。ドラッグストアや大きな土産物店では、中国人のアルバイトさんが熱心に呼び込みをしていた。

インバウンド効果で、京都も大阪も困ったのが、宿問題である。急激に増えた観光客に、宿泊施設の確保が追い付かない。ホテルを次々建てるが間に合わず、無許可営業する民泊などが増えて、トラブルになっていた。

京都の不動産会社では、競い合うようにして、立地のいい家や土地を買い上げていた。町屋をリノベーションして、人気の古民家風の旅館やドミトリーにするのだ。

Fさんの実家は、市内の古い町屋だった。父が他界した後、長い間母親がひとりで住んでいた。その母親も他界し、家はしばらく誰も住まないまま放置してあった。町屋の改築は、京都市の条例があるためなかなか難しく、売るに売れなかったのだ。

そこにインバウンド効果で町屋の需要が高まり、不動産会社から「ぜひ売って欲しい」とFさんに連絡が入った。Fさんは、二つ返事で話を受けた。

「まずはお宅を拝見させてください」

そう言う不動産会社の人を連れ、実家を内見に行った。ところが。

最初は乗り気な不動産会社の人が、家の中を見て回るうちにそわそわし始め、次第に口数が減ってきた。そして仕舞いには、

「ちょっと――うちとは条件が合わないということで――」

この話はなかったことに、と帰ってしまった。

まあいい、ほかにも欲しがる会社はある。最初は大きく構えていたFさんだったが、二社目からも三社目からも同じように、内見後「なかったことに」と断られてしまった。理由を聞くと、どの会社の人も「どうしても気になるところがある」というだけで、何が気になるのか、具体的には教えてくれない。

これでは困る。Fさんは知り合いの不動産関係者に頼み、実家を見てもらった。

「これはちょっと――買えんなぁ」

知り合いが顔をしかめた。何故かと理由を尋ねると、知り合いは渋々といった調子で教えてくれた。

「この家、長く空き家やったっていうけど――玄関入ると、今もここで誰かが生活してるような空気があるねん。部屋に入っても、たった今までここで誰か食事してて、ちょっと席を立ってる、くらいの生々しい気配がある。きれいに掃除はしてあるけど、置かれている家具なんかは薄《う》っすら埃《ほこり》が溜まっているから、実際誰も住んでないのはわかる。それが何か、ちぐはぐな感じがして――言うて悪いけど、気持ち悪い。ほんまに空き家なんか？ と思いながら見せてもろててんけど」

けど？

「居間に戻ってきたら、おばあさんがちょこんと部屋の真ん中に座ってて、こっちを見てはる。『うわっ！』と思って目を逸らしても、じーっとこっちを見てるのがわかる。目で『買わんといて』って訴えてはるねん。お母さん、今でもここに住んではるで。これはちょっと――買えんわ」

知り合いが「ほな、また」と帰った後、Fさんは意気消沈した。お母さんがまだ住んでいる――そんな理由で断られても困る。

だが最終的に、実家は手放すことができた。外資系の会社が、周囲の家々と共にごっそり買い上げたのだ。町屋は全部潰され、ホテルが建てられた。

現在は休業中である。

寺と呪い

京都には大きな寺が沢山《たくさん》あり、観光地になっているところも多い。だがこれは、家族で守っている小さな寺の話である。小さいが、歴史は古い。境内《けいだい》の裏手には、幕末好きなら名前を知っているような人物の墓がある。

昭和の終わり、先代の息子が住職を継ぎ、寺を守っていたときのこと。

何かの拍子で蝋燭《ろうそく》が倒れ、軽いボヤ騒ぎになった。すぐに住職が気付き、消火器で消し止めたので、大きな火事にはならずに済んだ。しかし、天井が一部、煤《すす》けてしまった。

古くなっていることもあるし、この際張り替えるか、ということになった。

施工会社を呼び、いざ煤けた天井板を剥がしてみると――。

「何か、あります」

脚立に上った職人が言う。

住職が代わって上ってみると、梁《はり》のところに長さ三十センチほどの木箱がある。

こんなところに何かを隠したなど、聞いたことがない。両手で箱を掴んでみると、それほど重くはない。慎重に引き寄せ、手伝ってもらいながら木箱を下ろした。

畳の上で開けてみると、箱の中には一体の仏像が入っていた。

その胸元に、釘が深々と打ち込まれている。

何という罰当たりな。住職は血の気が引く思いだった。

箱の中に、一枚の紙きれが入っている。流れるような達筆で、

「仏はいない」

と書かれていた。字体から、宗教関係者が書いたもののようだった。

誰がこんなことを。一体いつからここにあったのか。先代や、その前の住職がこんなことをするとは思えない。寺の建立時に、敵対する寺が職人に幾ばくか握らせ、ここに置かせたのか。この寺に恨みを持つ誰かが、呪詛《じゅそ》をかけたのか。

仏の胸元に刺さった釘があまりに不憫《ふびん》で、引き抜こうとした。だがどんな道具を使ってもびくともしない。

職人たちが気持ち悪がるので、「うちで供養します」と言って、その日は一旦引き上げてもらった。

明日にでもお焚《た》き上げをしよう。住職は、木箱に仏を戻し、自室に持っていった。

箱を枕元に置き、寝ていると——夜中に胸元をぐっと押さえつけられ、苦しくて目が覚

めた。顔の前に何かある。誰かが、すぐ目の前に顔を寄せているような気配を感じた。

「仏はいない」

住職の耳に、はっきりと声が聞こえた。

「仏はいない仏はいない仏はいない仏はいない仏はいない仏は」

繰り返してくる声に負けじと、住職は心の中で必死に念仏を唱えた。

向こうは住職が念仏を唱えていることがわかるらしく、声が一層大きくなる。

「仏はいない仏はいない仏はいない仏はいない仏はいない仏は」

住職も懸命に念仏を唱え続ける。

どれくらいの時間が経ったか、定かではない。

やがて根負けしたかのように声は止んだ。

これはなるべく早く供養しないと。

住職は夜が明けると共に、仏の魂を抜き、寺の庭で火をおこして木箱と共にくべた。

火が燃え移り、黒々とした煙が上がった。煙が一瞬大きな人の顔の形になり、

「仏はいない」

と一声発したのを最後に、拡がって消えた。

その後、住職は変わったが、寺は今も地元の家々の墓を守り続けている。

以下の二話は、ライターの剣先あやめさんから聞いた話。

豊臣秀次の霊

気候が良くなってくると、四条大橋から三条大橋にかけての鴨川《かもがわ》沿いに、等間隔に座るカップルたちが現れる。カップルだけではなく、ひとりで座って本を読んでいる人もいれば、グループで歓談する学生たちもいる。親子連れや海外からの旅行者、犬の散歩をさせる近所の方たちの姿も見られる。

今は憩いの場となっている河原だが、平安時代から江戸時代にかけては、晒《さら》し首や処刑が行われた場所だった。石田三成《いしだみつなり》は六条河原で斬首され、三条河原でその首を晒された。生きたまま釜茹でにされた石川五右衛門《いしかわごえもん》、近藤勇《こんどういさみ》の晒し首など有名な話は数々あるが、豊臣秀次《とよとみひでつぐ》一族の処刑を知る人は、それほど多くないかもしれない。

一五九五年八月二日、時の関白である豊臣秀次の幼い子供たち、側室、侍女、乳母ら三十九名が公開処刑された。まだあどけない若君や姫君が殺されて穴に落とされ、その上に美しい側室らの亡骸《なきがら》が次々と投げ込まれていく光景は、見る人々が「臓《はらわた》を裂き、魂を痛ましめずということなし」（瑞泉寺縁起《ずいせんじ》）と嘆かずにいられなかったという。処刑場には大きな塚が築かれ、高野山《こうやさん》で切腹させられた秀次の首が、一族の処刑を見下ろすように置かれていたというから、凄まじい。

四百年の時を経て、鴨川から木屋町《きやまち》、河原町《かわらまち》にかけては国内外の観光客で大変な賑わいを見せている。

だが、木屋町通りの店では、今でも度々「秀次公と側室の幽霊」が現れるらしい。

ラーメン店の店主が、開店前に仕込みをしていると、カウンターの隅に人影がある。まだアルバイトが来る時間ではないし、配達の業者ならまず裏口から声をかける。シャッターは閉まっているので、客が入って来ることはない。何だ――？　改めて人影を見て、息を飲んだ。

「秀次――」

影はすうっと薄くなり、消えた。

居酒屋でアルバイトをしている学生が、通路の奥を曲がっていく、侍姿の男を見かけた。厨房に戻り、先輩にその話をすると、「見んふりをしとけ」と顔をしかめられた。

「秀次公や。しゃあない。昔はこの辺まで三条河原やったらしいから」

どうして秀次公だとわかるのかと聞くと、「なんでか、わかるんや」と言われたという。

豪商、角倉了以《すみのくらりょうい》によって、豊臣秀次とその一族の菩提《ぼだい》を弔《とむら》うために建立された慈舟山瑞泉寺には、秀次の肖像画が残されている。インターネット上などで見ることもできるが、よほどの歴史好きでない限り、その肖像画を目にすることはないだろう。まして秀次は、戦国時代を華々しく駆け抜けた武将達の中では、どちらかといえばマイナーな存在である。

一目見てすぐに顔が分かる人は少ないだろう。

だが、幽霊を見た人は口を揃えて「あれは豊臣秀次とその側室の幽霊だった」と言うらしい。

この話を聞かせてくれた剣先さんも、学生の頃から二十年ほど木屋町通りを行き来しているが、残念ながらまだ幽霊には出会えていないそうだ。

二人静

能楽の公演のひとつに「追善能」というものがあるそうだ。法要のために、回忌の年に行われることが多いらしい。

能楽師Aさんがまだ小学生の頃、祖父の追善能が行われることになった。これも勉強だからと、父の稽古を見学するように言われた。

故人の供養や追憶のために演じられるものなので、昔を懐かしんだり、最後に回向《えこう》されて無事に成仏したりする曲が選ばれる。幽玄ではあるが、小学生にとっては、とにかく退屈だったそうだ。稽古場の端に座り、父の稽古をじっと見ていると、そのうち眠気がやってくる。Aさんはいつの間にやら、正座したまま、こっくりこっくり舟を漕いでいた。

突然、ターン、と鋭い音が響いた。

Aさんは、はっとして姿勢を正した。居眠りに気付いた父が、自分を起こすために強く足拍子を踏んだのかと思った。

後で叱られるかな。おずおずと父の顔を見ると——父のすぐ後ろにもうひとりの人影が見えた。

「ああ、『二人静《ふたりしずか》』の稽古をしてるんだなあ」

そう思い、二人の動きを目で追っていたのもわずかの間。すぐにまた眠気が襲ってきた。

『二人静』は、二人の演者が同じ装束を着て同じ舞を舞う能である。

うとうとしては、はっと目覚め、またうとうとと――。父親の後ろにもう一人の演者がぴったりとついて同じ動きをしているのを夢うつつに眺めて、どのくらい時間が経ったか。

「今日はこのくらいにしようか。お前も眠たくてたまらんらしいからな」

父の声でAさんはまたハッとした。稽古場には父の姿しかない。

「あれ、『二人静』の稽古してたんじゃないの?」

「あほか、追善能の演目も忘れたんか」

呆れたように言われ、Aさんは周囲を見回した。

父のすぐ後ろで舞っていた、もうひとりの演者の姿がどこにもない。

稽古の終わりは必ず挨拶をするのが習わしなのに。

夢うつつに幻を見たと言えばそれまでですが、とAさんは言う。

「能は死者の物語ですから、本物が来てもおかしくないですよね」

父と舞っていたもうひとりの演者が、祖父だったかどうかは分からないという。

どろり

今から四十年ほど前のこと。

映画好きのOさんは、大学の帰りや休日に、よく京都市内の映画館に観にいっていたそうだ。ひとりでふらりと立ち寄ることもあれば、友達を誘うこともある。

「あの頃は繁華街のあちこちに映画館があって、人気の映画がかかれば、チケット売り場にたくさんの人が並んでいましたよ。いろんな映画館の前売り券を安く買える売り場があって、休日にはそこにも長い列ができていました」

京都は日本で初めて映画が上映された地である。高瀬川《たかせがわ》沿い、旧立誠《りっせい》小学校の前には「日本映画発祥の地」の駒札が立っている。日本映画の父、牧野省三の撮影所を始め、日活、松竹、東映、大映などなど、多くの撮影所が存在した。

ある年の瀬。友人たちと映画を観終えたOさんは、自販機で飲み物を買い、横の児童公園で感想を語り合っていた。

突然友人のひとりが「ぶはっ!」とジュースを地面に吐き出し、咳《せ》き込み出した。

「何やねん、どないしてん」

Oさんが背中をさすると、友人は涙目になって首を傾げた。

「何か――どろっとした」

苦し気な声でそう言って、ベンチに置いた炭酸飲料の缶を指さす。

「どろっと、って――そんなわけないやろ」

言いながら、Oさんは缶の中を覗いてみた。小さな飲み口から入る光を受けて、黒っぽい液体がたゆたっている。ブドウの香料が甘く香っていて、傷んでいるような匂いではない。虫などの異物が入っているようにも見えない。そもそも底冷えが厳しい京都の町では、こんな時期に虫などいない。

「でも何かどろっとしたものが入った」

友人は情けなさそうな表情で、喉を指さしている。

「入った、って――お前、飲み込んだんか」

無言で頷《うなず》く友人を見て、皆が爆笑した。友人はえづいているが、吐き出せないようだった。

「大丈夫や、何を飲んだか知らんけど、帰ってセイ○ガンでも飲んどけ」

腹が減ったと誰かが言い出したのをきっかけに、しょんぼりした友人を促し、公園を出た。繁華街で食事をし、日付が変わる前に解散となった。

Oさんは、去っていく友人の背中を見ていて、妙なことに気付いた。

「後ろ姿の輪郭が、少しダブって見えたんですよ。ピントが合ってない映像みたいに。ほかの人や周りの景色は、ちゃんと普通に見えているのに」

翌日の昼休み、大学の学食で、ばったりその友人と会った。

「昨日はあれから大丈夫やったか？　腹壊さんかったか？」

Oさんがからかうように聞くと、友人は「それが――」と声を潜めた。

腹は壊さなかったのだが、皆と別れて寮に帰ってから、おかしなことが続いたのだという。

皆で映画を観、食事をして帰ってきただけなのに、バイト明け以上に体が疲れていた。映画館の座席の位置が悪かったのか、両肩が異様に重い。スリッパを履いた足を引きずるようにして自室に入った。照明のスイッチを入れたとたん、一瞬点いた明かりが、ピンという音と共に消えた。隣室の寮生に手伝ってもらい、蛍光灯を替えたら、ちゃんと点いた。

「普通、そういうときって、少し前から明かりがじらじら点滅するだろ？　でもそういうの、まったくなかったんだよ。取り換えた蛍光灯の両端も、黒ずんでなくてきれいだった」

外した蛍光灯をゴミ置き場に捨てに行くと、同じくゴミを捨てに来ていた別の学生と出会った。

「あれっ？　出掛けるの、止めたのか？」

学生に言われ、何のことかときょとんとしていると、

「さっき、女の子と一緒に玄関を出ていったじゃないか。『デートか？』と言ったら、お前、にっと笑って背中丸めて嬉しそうに出ていっただろ」

学生はそのときの仕草を真似るように、ズボンのポケットに手を入れ、きゅっと顎を突き出して笑った。

そんな覚えはない、別の誰かと間違えているのだろう。

「そのジャンパーを着てたじゃないか。去年卒業した先輩にもらったやつだろ。見間違えるかよ」

確かに、今日着ているのは、胸にワッペンのついた特徴的な皮ジャンだ。見間違えにくいかもしれないが、自分は玄関で彼に会っていない。まして女の子と一緒にいたなど、身に覚えがない。

怪訝《けげん》な顔をする学生と別れ、自室に戻った。

風呂に行く支度をしていると、とんとんとドアをノックする音がした。

「はい、どうぞー」

普段から、部屋にいるときは鍵を掛けていない。友人なら、ノックなどせず、勝手に開

けて入ってくる。下級生が何かの用事で訪ねてきたのかもしれない、と思った。しばらく待っても入ってこないので、ドアを開けたが、誰もいない。聞き違いかと思った。ドアを閉めると、またとんとんとノックする。これは聞き違いではない。すぐにドアを開けるが、誰もいない。隣室の学生がいたずらしているにしても、このタイミングで隣室に飛び込んで隠れることは不可能だ。

何だ？

今日は変なことばかり起こる。少し首筋のあたりがうすら寒いような気がする。こんなときは早く寝るに限る。

風呂の道具を一式抱えて浴場に向かっていると、トイレの前でふいに便意を催した。こんな時間に珍しいことだと思いながら、用を足した。

水を流すと、妙に晴れ晴れとした、すっきりした気分になった。疲れた感覚も、肩の重みもなくなり、休日の朝のような清々しい感覚になったという。

以来、妙なことは起こらなくなったし、体調はいつにも増して絶好調だと、友人はガッツポーズをした。

友人の輪郭がダブって見えることはなく、いつも通りに戻っていたという。

あいつ、あのとき一体何を飲み込んだんですかね、とOさんは首を捻《ひね》っていた。

実は怖かった

京都と一口にいっても、京都市と、京都人の「京都」は違う。洛中《らくちゅう》といわれる市内の一部が京都人の言う「京都」。なので、清水寺《きよみずでら》も嵐山《あらしやま》も伏見稲荷も「京都」ではない。範囲が狭いのである。一方京都府はというと、三重、福井、滋賀、奈良、大阪、兵庫の六県に接している。海もある。

これは戦時中、舞鶴《まいづる》に住んでいた、Iさんから聞いた話である。彼女は十代の頃、海軍の事務所に手伝いに行き、わずかではあるが小遣いをもらっていた。今でいうところのアルバイトをしていたのだ。

あるとき、ひとりの職員から「Iちゃんはオバケ、怖いか」と聞かれた。子供の頃から、祖父が「ヒトダマ見た」話はしょっちゅう聞かされていたし、戦死した従弟が夜中に訪ねてきたという話も、家族がひそひそ喋《しゃべ》っているのを聞いたことがある。だが、怖いと思ったことはない。

「怖くありません」

そう答えると、職員は目を細め、そうかと言った。

「去年、うちの台所に出たことがあってね」

職員が話すところによると、オバケが出るのは台所限定で、外の部屋には出なかったらしい。

夜寝ていると、ぱたんと戸が閉まる音がした。音の感じから、流しの下の扉が閉まったのだと思った。妻は横で寝ている。子供たちは二階でぐっすり眠っているはずだ。夏の暑い時期は別にして、普段はちゃんと戸締りをしている。猫や動物が入ってくることはない。気のせいだろうと寝返りを打ち、布団を被った。

かたん、とまた音がした。

職員は、はっとして起き上がった。今の音は、扉の内側に下げてある包丁の音ではないか。泥棒なら一大事である。何か得物はないかと部屋の中を見回し、隅に立てかけられていた衣紋《えもん》かけを手に取って、恐る恐る襖《ふすま》を開けた。

廊下は冷え冷えとしていて、人の気配はない。障子越しに入る月明かりで、かろうじて台所の前まで見通せるが、何かが動く様子はない。

足音を忍ばせて廊下を進み、そっと台所を覗いてみた。誰もいない。周囲を見回すが、いない。勝手口のドアはちゃんと閂《かんぬき》がかかっているし、隠れるような場所はない。念のため流しの下の扉を開けてみたが、ちゃんと包丁が下がっている。少し持ち上げ、手を離すと、かたんと音がする。さっき聞いたのと同じだ。扉を閉めると、ぱたんと軽い音。これもさっき聞いたのと同じだ。間違いない。でも、何故?

腑《ふ》に落ちないまま、職員は部屋に戻り、再び布団に潜った。

翌朝、妻に昨夜のことを話してみた。「夢でも見たんでしょう」と笑われるかと思いきや、実は妻も何度か聞いているのだという。

妻が聞いたのは茶碗がかちゃんと鳴る音や、米びつの蓋《ふた》がかたんと鳴る音だったそうだ。茶碗のときは、夜中に目が覚め、便所にいった帰りだったらしい。家族の誰かが水でも飲みに起きたのかと台所を覗いたが、無人だった。洗った食器はいつも籠に残さず、全部水屋にしまって寝るので、もし鼠《ねずみ》や蛇が入り込んでいても、食器に触れることはできない。気のせいだったのだろうと、そのときは思ったらしい。

だが数日経ち、今度は寝入りばな、かたんと音がした。米びつの蓋を閉めるときの音に似ていた。横になっている夫に、今何か聞こえなかったかと尋ねたが、いいやと言われた。否定されてしまうと、自分が聞き違えただけのような気がして、そのまま寝た。

音だけではなく、菜箸《さいばし》が一本だけ、台所の床に落ちていたこともあったという。

「一本箸は縁起が悪いので――あなたに話すのは憚《はばか》られて」

ひとり胸の中にしまっていたのだが、台所に「家族以外の」何かがいるような気がしてならなかったそうだ。今朝夫の口から台所の異音の話が出たので、ようやく打ち明けることができたという。

その夜、職員は竹刀を枕元に置き、音がするのを待った。必ず毎日聞こえるわけではない。今夜はしないかもしれないが、明日事務所が休みなこともあり、徹夜を覚悟で起きていることにしたのだ。

二時を少し回った頃。

か、か、か、と乾いた音がした。固いもので木を叩くような音だった。横を見ると、妻も目を開けていた。二人で頷き合い、職員は竹刀を手に取り、台所に向かった。

柱の陰から中を覗いた瞬間、職員は凍り付いた。

流しの前に、黒いもやもやとした大きな影が見えた。丸々とした腕らしきものが小刻みに動くたび、か、か、か、と、まな板に包丁が当たるような音がする。

誰だと質《ただ》そうとするが、声が出ない。だが微かに喉が鳴ったのがわかったらしく、影のようなものがこちらを見た――ように思えた。

女だ。これまで見たこともないような大柄な、相撲取りのような女の、影だ。

全身水を浴びたような気持ちになって、身動きができない。

そのとき。

「うちの台所で、勝手なことせんとって!」

背後から妻が怒鳴った。

影は一瞬身を引いたように揺らぎ、すっと消えた。

以来、台所で異音がすることはなくなり、影を見ることもなくなったという。

「あの影がどこの誰だったか、何故うちに来たのかはわからない。影を見たときには怖かったけど、どこかで『まあいいか』と思った。気持ち悪いのは悪いけど、別に実際にうちの食料が減るわけじゃなし、好きなだけ『食べに』来たらいいと、頭の片隅で一瞬思った。飢えて亡くなった人の話は、山ほど聞いていたからな。でも女房が怒鳴ったから、そんな気持ちも吹っ飛んだ。ここだけの話、影を見たときより、女房の一喝を聞いたときのほうが縮みあがったよ」

そう言って、職員はぶるっと身震いしたそうだ。

季節外れ

学生時代、京都市内で下宿をしていたHさんは、一度だけ不思議な体験をしたという。

冬の京都の寒さは厳しい。盆地特有の底冷えに、元々冷え性だったHさんは、もこもこに厚着をし、さらにエアコンを入れて寝るのが常だったそうだ。

その夜もいつものようにエアコンを入れ、肩回りにフリースのひざ掛けを掛けてベッドに入った。

どれくらい眠っていたか――夜中に、妙な寝苦しさを感じ、目が覚めた。ひざ掛けに顔を埋めるようにして寝返りを打ったとき。

目の前に、黒々とした丸いものがあった。

えっ、何これ？

そっと掛け布団を持ち上げてみると、子供が寝ていた。

悲鳴を上げようとして――目が覚めた。

ああ、びっくりした、夢だった。「目が覚めた夢」を見るという、奇妙な体験だった。

昼間に、バイト先で上司に嫌味を言われたのがひっかかっていて、そのせいで悪夢を見たのかもしれない。トイレにもいきたいような気がする。

温かい布団から出たくなかったが、思い切って起き上がり、カーディガンを羽織ってトイレにいった。急いで戻って布団に潜りこみ、冷えた足を擦《こす》り合わせていると――。

背中に「とん」と何かが当たった。肩甲骨の下あたりに、何か固い、丸いものがある。ベッドの横はすぐ壁だし、ぬいぐるみも暖房器具も布団の中には入れていない。それは丁度「子供の頭くらいの大きさ」に思えた。

夢で見た、あの子だ――そう思った瞬間、意識が途切れたという。

気がついたら、朝になっていた。

白っぽい浴衣《ゆかた》を着た、四歳くらいの男の子だったという。

京都には行かれへん

Mさんが、かつて大阪府下のデイサービスの送迎の仕事をしていたとき、利用者の方から聞いた話。

久美子さんは九十歳を過ぎているが、上品できれいな方だった。耳もよく聞こえ、受け答えもしっかりしていた。若いころには京都高島屋の受付として入社し（大変な競争率だっただろうし、ひょっとしたら京都のええとこのお嬢さまか、人脈がないと採ってもらえなかったかもしれない）、さらに抜擢されて秘書課に配属されたというから、その才色兼備ぶりがうかがえる。

その久美子さんがあるときぽつりと、

「私、かれこれ二十年も京都に行ってないの」

と言った。何故かと聞くと、こんな話をしてくれた。

二十年前、七十代だった久美子さんは、地域の老人会に入っていた。そこで京都の東山を散策する「歩こう会」の企画があった。健脚だった久美子さんは、喜んで参加した。東山は清水寺、八坂《やさか》神社、知恩院《ちおんいん》など、有名な寺社がたくさんある人気観光スポットだ。仲間と歩くのは楽しいに違いない。

　当日。七条から三十三間堂を過ぎた辺りを歩いていたとき。道の右手に、細い階段が見えた。上に寺があるのかな、と思った瞬間、ずしりと肩に何かが圧《の》し掛かった。目には何も見えないのに、重いものが両肩に乗っているのか、押さえつけているのか——久美子さんは足が動かせなくなった。

　突然立ち止まった久美子さんに、仲間が心配して声をかけてくる。

「どうしたん？　しんどいん？」

「わからん——足が動かへん」

　仲間に助けられ、半ば抱えられるようにしながら、必死に前に進む。

　予定のコースから外れ、南座の横の階段をどうにか下り、四条駅に向かった。

　改札を通った途端、ふっと体が軽くなった。今まで圧し掛かっていた重いものが、急になくなった。

「もう大丈夫や」

　久美子さんが自力でさっさと歩くので、仲間も驚いていた。

「私に乗ってきたものは、電車に乗って京都から出たくなかったんやろな。あんなもんに乗られてしまったら、怖くてもう京都には行かれへん。せやから、あの日から二十年、一度も行ったことない」

久美子さんは顔をしかめていたそうだ。

部屋にいたのは

山科《やましな》区にお住まいのＦさんが、二十年ほど前に体験した話。

滋賀県との府境に位置することもあって、夏休みにはよく家族で琵琶湖に泳ぎに行っていた。海水浴ならぬ、湖水浴である。水から上がっても海水のようにべたべたしないし、波も穏やかなので、水遊びには最高の場所だった。

当時小学生だったＦさんは、その日も朝早くに目を覚まし、準備万端で出発のときを待っていた。一つ上の姉も、自分のリュックを背負って、すでに玄関でスタンバイしている。外で父親が車のエンジンをかける音が聞こえた。

「お母さん、まだー？」

廊下で声を上げると、「はーい」と声がし、両親の寝室のドアが少し開いた。母親が出てくるのを待っていると、またドアが閉まった。寝室のクローゼットがせわしなく開け閉めされる音がし、いらいらしながら小声でぼやく声が聞こえる。何か探しものをしているのかもしれない。

がちゃっとノブを回す音がしたが、ドアは閉まったまま。母親が出てくる様子はない。

姉がちらっとFさんの顔を見た。お母さんを催促しに行けという目だ。Fさんは溜息をつき、水着の入ったバッグを床に置いて、廊下を戻った。

「もう、お母さん」

寝室のドアを開けた。誰もいない。

えっ？

戸惑っていると、後ろから肩を叩かれ、飛び上がった。

「お母さん、もう車に乗ってたわ。行こう」

ええっ？

「だってさっき、ドア、開いたやんな。中から声してたやんな」

Fさんは言ったが、姉はどうでもよさそうに、

「してたけど――もう、ええやん。早く行こ」

と玄関に向かっていく。

「何してんねん、行くぞ」

父親が二人を車に乗るよう促し、玄関のカギを閉めた。

車には、本当に母親が乗っていた。

寝室の中から聞こえたのは、確かに女性の声だった。だがそれが本当に母親の声だったかどうか、今となっては自信がないそうだ。

夜の西陣

西陣《にしじん》は古くから織物の盛んな地域で、今でもたくさんの織屋さんがある。西陣織といえば、高級絹織物の代名詞。先の戦争では空襲による甚大な被害を受けたが、被災を免《まぬが》れた古い建物も残っていて、町には独特の風情がある。

今から十五年ほど前の夏、知人から芝居の案内をもらった。出演はしないが、浴衣《ゆかた》姿で受付を手伝うので、よかったら観に来て欲しいとのことだった。

向かった会場は、織屋建《おりやだ》てといわれる、天井の高い町屋だった。芝居は素晴らしく、独特の世界観が会場の雰囲気と相まって見事だった。終演後には浴衣姿の知人としばし歓談し、再会を約束して別れた。

ひとりになってからも観劇の興奮が冷めやらず、バス停に向かう人の流れを離れ、夜の路地を歩いた。このままバスに乗り、日常の世界に戻ってしまうのが惜しいように思われた。芝居の余韻に浸《ひた》りながら、夜の西陣の町を足の向くまま歩いた。

住宅街はとても静かで、人っ子ひとりいない。まだ夜の八時過ぎだというのに、どの家も道に面した部屋は暗く、声や物音も聞こえない。

「いつまでもテレビ見てんと、早よ寝よし。電気消すえ」

ということなのだろう。これが京都人の「始末」(節約)か——人々の暮らしぶりが暗い窓からうかがえるようだった。

二十分は歩いただろうか。薄暗い道の先に、ひと際明るく見えるところがあった。

何かの店かな、と思いながら近づいていくと、明かりの手前に大きな石の鳥居があった。横の柱に「首途八幡宮」とある。何と読むのだろう、と隣の説明板を見ると「かどではちまんぐう」とふりがなが振られていた。源 義経《みなもとのよしつね》が奥州《おうしゅう》に逃れる際、ここから出立したらしい。手引きをした「金売りの吉次《きちじ》(『雍州府史』には「橘次」)」の屋敷が、ここにあったと書かれていた。

鳥居から奥に向かって真っすぐに石畳の参道が伸び、数十段の階段が社《やしろ》に向かって続いている。階段を上り切ったところには、提灯《ちょうちん》が灯っている。その左横の建物は社務所か、神職の家か、窓に明かりが見える。

お詣りしに上ろうか、と思った。だが、時間が時間だ。人気《ひとけ》の無い暗い神社にひとりで詣でて、不審に思われないだろうか。賽銭《さいせん》泥棒と思われて、神職が出てきたらどうしよう——。そんなことを考えながら、そろそろと参道を進んでいった。

もう少しで階段に差し掛かる、というとき。

ぱらっ、こつん。

微かな音がした。

え、雨？　思わず足を止め、手を前に出して空を見上げた。

ぱらっ、ぱらっ、かつ、かつん。

雨が参道を打つような音が続けざまにするが、肌に雨粒が当たる感じはない。周囲を見ても、街灯にぼんやりと照らされた参道に、雨粒が落ちた様子はない。

かつ、こつん。

スニーカーの爪先に、何か小さなものが当たった。ん？　見下ろすが、スニーカーの周りにそれらしきものはない。ただきれいに掃除された石畳があるだけで、小石ひとつ落ちていない。

ぱらぱらぱらばらばらばらばらばらばら――。

前方で、小さな固いものが大量に転がり落ちてくるような音がした。雨ではない。思わず階段を見上げた。音は確かに階段から聞こえる。上から何かが落ちてきている。が、目には何も見えなかった。

ざらざらざらざら、ざざざあっ。

音だけが階段を転がり落ちてきて、やがてぱちぱちとズボンの膝や脛《すね》に、小さな固い小石のようなものが当たった。スニーカーの先にざあっと何か細かいものが押し寄せる感覚がある。全身が総毛立った。

踵《きびす》を返し、鳥居に向かって全速力で走った。玉石のような、じゃりじゃりしたものを踏んで、足が滑る。転びそうになりながら鳥居から道路に飛び出し、右手に折れてそのまま走った。

広い通りに出て、ようやくほっとして足を止めた。京都の夏は、夜でも空気がねっとりと重く蒸し暑い。喉はからから。汗が背中を流れ落ちるのがわかる。

思えば、大怨霊菅原道真《すがわらのみちざね》を祀る北野天満宮《きたのてんまんぐう》、崇徳院《すとくいん》を祀る白峯神宮《しらみね》、晴明神社、一条戻り橋——みな西陣地区にある。そら、夜うろうろするほうがあかんわ。

*

ここまで書いて、自分の記憶を確かめるため、先日首途八幡宮に再度行ってみた。

え？

何か全然「思てたんと違う」のである。

六月半ば、午後五時過ぎ。夕方ではあるが、周囲はまだまだ明るく、買い物帰りの親子連れや、犬の散歩をさせる人が歩いている。神社横の公園では、子供が遊んでいる。

だが「違う」というのは、夜じゃないからとか人通りがなく静かだったからというような雰囲気の話ではない。神社の造りそのものが、記憶と全く違うのだ。記憶の中の参道はもっと広く長く、その先にある階段がまっすぐ上の社と社務所まで伸びていた。今目の前にある参道は、記憶よりずっと狭く、短い。しかも階段は――途中で二股に別れ、くにゃりと曲がっているのだ。その間には樹が茂り、鳥居から提灯は見えないのである。

どういうこと？？？

前に来たときは暗かったから、隣の公園には気付かなかったのだろう。疲れていたせいで、参道が広く長く見えたのかもしれない。冬だったから、樹は今ほど茂っていなかっただろうし、もしかしたら厳しい京都の冬を越すため、枝を落とされていたのかもしれない。

それなら提灯は見えた――かも。

でも、このくにゃりと曲がった階段はどうか。暗かったので、気付かなかったのだろうか。まっすぐだったけどなぁと思いながら、右の階段を上って弁財天に詣り、そのまま上の社に向かう。

社務所は、社の右手にあった。記憶の中では、左手である。移設したとは思えない、そこそこ年季の入った建物だ。社の左手は切り立っていて、社務所や家が建つ余裕はない。さらに左手に見えるマンションはまだ新しそうで、あの頃にはなかった（確かチェーン店の酒屋だった）だろう。

記憶違い？　場所を間違えている？　ここはあの夜来たのとは違う神社なのだろうか。狐に抓《つま》まれたような気持ちで参道を戻るが、説明書きにはやはり「金売りの吉次」の屋敷跡で、義経がここから奥州に立ったと書かれている。

十五年前、私は変なスポットに入り込んでいたのだろうか――？

もしこの本を読んでおられる方で、京都市内で「横幅三メートルほどの石畳の参道が真っ直ぐ階段まで伸びている。鳥居をくぐったところから、階段上の社の提灯（円筒形の関西型ではなく、ぽってりした長型）が見える。真っ直ぐな十数段の階段を上ると、右手に社、左手に社務所がある」こぢんまりとした神社をご存知の方がおられたら、ぜひお教えいただきたい。

緑川聖司

Seiji Midorikawa

大阪府在住。児童文学作家。2003年『晴れた日は図書館へいこう』でデビュー。主な作品に「本の怪談」「怪談収集家　山岸良介」「絶対に見ぬけない!!」各シリーズ、「炎炎ノ消防隊」ノベライズシリーズなど。

丑の刻参り

京都のとある有名な神社の近くにある、着物のレンタルショップで働くUさんの話。

Uさんには、学生時代から長く付き合っている恋人がいた。

Uさんは結婚まで考えていたのだが、ある時、ほかに好きな人ができたからという理由で、とつぜん振られてしまった。


Uさんは、ひどく落ち込んだ。そして、呪ってやろうと思った。

「ネットで調べたら、人を呪うんやったら、丑《うし》の刻参りっていうのがいいって書いてあったんです」

Uさんが調べたところによると、丑の刻参りとは藁《わら》人形を釘で木に打ちつける呪いの儀式で、最近では忙しい人のための代行業者までいるらしい。

Uさんは、どうせなら自分の手で呪ってやりたいと思ったので、なるべく気持ちがこめられるよう、藁人形の作成セットをネットで購入して、一本一本に恨みをこめながら束ねていった。

行き先は、丑の刻参り発祥の地といわれている貴船《きふね》神社だ。

本来の作法では、丑三つ刻と呼ばれる午前二時から三時の間に、七日続けて通う必要があるらしいが、実行するとなるとタクシー代もかさむし、なにより怖い。

結局、藁人形と釘、そして木づちをバックの底に忍ばせて、明るいうちに帰ってこられるよう、お昼過ぎに家を出た。

電車とバスを乗り継いで、最寄《もよ》りのバス停で降りる。

リュックを背負った観光客らしき人たちといっしょに、貴船川のせせらぎを聞きながら、木々に囲まれた道を歩いていると、日ごろの仕事の疲れが、体から溶け出していくような気がした。

すれ違う人とあいさつを交わし、途中の茶屋で抹茶ソフトを味わって、神社の鳥居が見えたころには、なにをしに来たのか、ほとんど忘れかけていた。

「景色はきれいで空気もおいしくて……久しぶりに運動したのも、良かったんやと思います。なんか、あんなしょーもない男のことで悩んでるのが、あほらしくなってきたんです」

それでも、せっかくここまでやってきたのだからと、奥宮に向かう。

緑に囲まれた奥宮は、いっそう神秘的な雰囲気を醸《かも》し出していた。

この厳《おごそ》かな場所に、真夜中に一人でやってきて、藁人形を木に打ちつけるなんて、自分にはとてもできそうにない。

丑の刻参りを実行する人ってすごいなあと、すっかり他人事のように感じながら、ひときわ立派な一本の木に顔を寄せると、表面にいくつも穴が開いている。

これって、もしかして……と思っていると、その穴からどろりと粘《ねば》ついた液体が流れ出してきた。

樹液にしては赤黒いその液体に、Uさんが思わず悲鳴をあげて飛びのくと、

ガサガサガサガサガサ……


バッグの底で藁人形が、まるで早く出せとでもいうように動き出した。

Uさんはもう一度悲鳴をあげると、バッグを体の前に抱きかかえるようにして、その場から逃げ出した。


「――マンションに戻ったら、元カレと共通の知人から、電話がかかってきたんです」

彼が歩道橋の階段から転げ落ちて、右足を骨折したというのだ。

電話を切ったUさんが、藁人形を取り出してみると、バッグの底でほかの荷物に潰されたのか、人形の足が大きく折れ曲がっていた。

すっかり怖くなったUさんが、ふたたびネットで調べると、宅配便で送るだけの〈人形供養パック〉というのがあるらしい。

Uさんはすぐに申し込んで、人形供養の代行業者に送った。


後日、Uさんが友人をカフェにさそって自分の体験談を話すと、友人は真顔でこんなことを口にした。

「丑の刻参りが、あんな遅い時間に一週間も続けなあかんのは、それだけの決心があるかどうか試されてるからや。よっぽど本気で相手を恨む気持ちがないんやったら、やめといた方がいいと思うよ」

一週間どころか、一度もできなかった自分は、そこまでの決心も執着もなかったのだと思うと、文字通り憑《つ》きものが落ちたように、彼への未練が消え失せた。

最近は、貴船神社がきっかけではまった寺社巡りを、新しくできた彼氏とともに楽しんでいるそうだ。

縁切り

彼氏に裏切られたといえば、こんな話もある。

会社員のAさんは、マッチングアプリで出会った彼氏に二股をかけられて、別れを告げた。

彼氏の方は、Aさんに未練があるらしく、相手の女性とは別れるからやり直したいといってきたが、Aさんは二股が判明した時点で、すっかり気持ちが冷めていた。

それでもしつこく連絡をしてきたり、偶然を装って仕事帰りに待ち伏せしたりする元カレにうんざりしたAさんは、きっぱりと縁を切るため、縁切りで有名なY神社を訪れた。

この神社では、縁切り縁結び碑と呼ばれる巨大な石が有名で、平日の午後だというのに、中央に空いている大きな穴をくぐるための行列ができていた。

願い事を書いた形代《かたしろ》を手に持ったまま、穴を往復して、形代を碑に貼ることで、悪縁を断ち切り、良縁を得ることができるらしい。

縁切りには、男女の仲だけではなく、俗世の誘欲を断ち切るという意味合いも含まれているため、受験を控えた学生の姿もちらほらと見られた。

掛所には、縁切りを願った絵馬が無数に掛けられている。

病気と縁が切れますようにとか、悪縁が切れて良縁が見つかりますようにといった前向きなものもあれば、折り合いの悪い義理の家族との縁切りを願ったものや、具体的に実名を出して、相手の不幸を願うような内容のものも少なくない。

切実な想いのこもった絵馬の文句を読んでいくうちに、この中に掛けてしまっては、自分の願いが埋もれてしまうような気がしたAさんは、購入した絵馬を持ち帰ることにした。

その日の夜。何度も下書きを繰り返して、縁を切りたいという気持ちをびっしりと書き綴ったAさんは、近所にある小さな神社へと向かった。

誰もいない境内に足を踏み入れて、社殿にお参りをすると、持ってきた絵馬を掛所に吊るす。

そして、掛所に深くお辞儀をして立ち去ろうとしたとき――。

カタカタ……カタカタカタ……

「風も吹いてないのに、わたしの書いた絵馬だけが、カタカタと揺れはじめたんです」

Aさんが立ちすくんでいると、揺れは次第に大きくなり、やがて、Aさんの持ってきた絵馬が砂利の上に落ちた。

「神様が怒ってるんやと思いました」

自分の書いた絵馬を慌てて持ち帰ったAさんは、後日、絵馬を手にして、再びY神社を訪れた。

しかし、やはり掛所に吊るした途端、カタカタと揺れ出して、カツン、と蹴られるように落ちてしまう。

こちらはこちらで、一度よその神社に持っていったことを怒っているらしい。

自分が二股をかけられたのに、二股をかけて神様に怒られました、とAさんは笑った。

新しい彼氏ができるまでは、戒《いまし》めとして、部屋に吊るしておくつもりだそうだ。

親切なタクシー

絵馬といえば、こんな話もある。

大阪の北新地で飲食店を営むKさんは、京都で知人と食事をした帰り、せっかくだからお参りをしていこうと思い立った。

最近、不眠やめまい、倦怠感など、体の不調が続いているが、医者に相談しても悪いところは見つからない。

そこで、健康祈願でもすれば、気分もすっきりするのではと考えたのだ。

京都に不案内なKさんは、大通りの近くで適当にタクシーをつかまえると、

「健康に良いお寺とか神社はないかな?」

と、運転手にたずねた。

すると、年配の運転手は、

「それやったら、――神社なんかどうでしょう」

と、Kさんが聞いたことのない神社の名前を口にした。

場所を聞くと、ここから車で十分もかからないらしい。

じゃあ、そこへ頼むわ、といいながら、後部座席でスマホを手にしたKさんは、いま運転手が口にした神社の名前を検索して、首をかしげた。

その神社は、健康祈願や病気平癒というより、縁切りで有名な神社のようなのだ。

病気との縁を切るということだろうか、などと考えているうちに、細い路地の入口でタクシーは停まった。

ここをまっすぐ行けば、神社まではすぐですからといわれ、料金を払ってタクシーを降りる。

いわれた通りにしばらく歩くと、石造りの鳥居があらわれた。

縁切り神社でも、健康祈願のお守りくらいはあるだろうと、鳥居をくぐったKさんは、絵馬の掛所の前でふと足を止めた。

縁切りを願う様々な想いが綴《つづ》られている。

こういうところに名前を書かれる人間というのは、いったいどういうことをしてきたのだろうと思いながら、絵馬を見ていたKさんは、その中に自分の名前見つけて、ハッと顔色を変えた。

〈――が、わたしの知らないところで体調を崩して、長く苦しみますように〉

Kさんの名前は難しい漢字こそ使わないが、その組み合わせ方が珍しく、いままで自分以外に見たことがない。

反射的に絵馬を外そうとして、Kさんは直前でその手を止めた。

罠ではないか、と思ったのだという。

もしかしたら、あのタクシーの運転手もグルかもしれない。

そんなこと、あるわけがないのだが、思いがけない出来事に遭遇したことで、ありえない想像が頭に浮かぶ。

結局、病気と縁が切れますようにと書いた絵馬を、被せるように上から掛けて、大阪に帰ってきた。

そのおかげなのか、体調はいまのところ落ち着いているが、絵馬の文字がたしかに見覚えがあるのに誰の文字だか思い出せないのが、気になって仕方がないらしい。

合格祈願

十二月の半ば。高校三年生のSさんは、合格祈願のために、京都の北野天満宮を訪れていた。

中学生の時に病気で母親を亡くしたSさんは、その影響もあって、医者を目指している。学費のことを考えると、浪人せずに現役で合格したかった。絵馬を買って、記入台で〈合格祈願〉と書こうとするけど、手がかじかんで、震えてしまう。

手に息を吹きかけて温めていると、誰かがふわりと手を包み込む感触があった。

その誰かが、Sさんの手の上からペンを握って、〈合格祈願〉と書いた。

ひさしぶりに見る、お母さんの字だった。

家族にも見せたかったので、スマホで撮ってから、掛所におさめた。

後日。

無事に合格してからスマホを見ると、なにも書かれていない絵馬の写真が残っていた。

公園

結婚して、関東から京都市右京《うきょう》区に引っ越してきたばかりのCさんが、一歳の娘をベビーカーに乗せて近所を散策していると、川のそばに団地が建っていた。

府営住宅だろうか、薄い赤茶色をした同じ形の建物が、四棟並んでいる。

一番手前の建物の前には、ブランコやシーソー、滑《すべ》り台のある、小さな児童公園があった。

もっとも、公園の中はブランコの座板が埋もれて見えないくらいに草が生い茂っていて、当然のごとく、遊んでいる子供の姿はなかった。

「団地に住んでる人も、高齢化が進んで、なかなか手入れもできないんだろうな、と思ってたんです。そうしたら……」

娘がとつぜん、公園を指さして、キャッキャと笑いだした。

犬か猫でも見つけたのだろうかと思い、Cさんは目を凝らしたが、草が風に揺れるくらいで、面白そうなものは何も見当たらなかった。

それでも、Cさんはスマホを取り出すと、とりあえず公園を写真におさめた。

「仕事から帰ってきた夫に、『近所にこんなところがあったよ』と報告しようと思ったんです」

その日の夜。娘にミルクをあたえながら、Cさんが夫に写真を見せると、

「この子、だれ?」

と、夫は滑り台の下を指さした。

写真を拡大すると、長い髪を二つにくくった小学校低学年くらいの女の子が、草むらの中からこちらを見て笑っている。

こんな子がいれば、気づいているはずだ。

Cさんがゾッとしていると、腕の中の赤ちゃんが、ベランダを指さしながら、キャッキャと笑い出した。

二人同時に顔を向けると、カーテンの隙間から、写真の女の子がこちらを向いて笑っているのが見えた。

夫は「うわっ!」と叫んで飛びのいたが、Cさんはぐっとお腹に力をいれて、女の子をにらみ返した。

「ここで怖がったら娘が危ない、と思ったんです。なんとなくですけど……」

にらみ合っていたのは、おそらくほんの数秒間ほど。

女の子は嫌そうな顔になると、そのままスーッと消えていった。

その後、ふたたび引っ越しをするまで、Cさんは二度とその公園の前を通らなかったということだ。

へらへら

いまから三十年ほど前というから、平成のはじめ頃の話。

当時、京都の大学に通っていたKさんは、急にラーメンが食べたくなった。

近所に遅くまでやっているラーメン屋があるので、財布を手にアパートを出て、幹線道路沿いを歩いていると、向かいから同級生のYさんが歩いてくるのが見えた。

Kさんは声をかけようとして、あげかけた手を途中でとめた。

なんだか様子がおかしい。

ひとりで歩いているのに、まるで誰かがとなりにいるように、へらへらと喋《しゃべ》っている。

いまでこそ、ワイヤレスイヤホンを耳にはめて、誰かと電話で話しながら歩く人は珍しくないが、当時はまだ、夜道を歩きながらひとりで喋っていると「変な人」認定される時代だった。

しばらくして、YさんもKさんに気づいたらしく、「おう」と手を振ってきた。

「晩飯か？」

「そうやけど……お前、どないしたんや？」

「なにが？」

Yさんはきょとんとして聞き返した。

「いや、そやから……」

Kさんが言いよどんでいると、

「なんや、はっきりせえへんな。あ、紹介するわ。こいつ……え？　あれ？」

Yさんはとなりに顔を向けて、とつぜんきょろきょろとし出した。

「いま、ここにおった女の子、どこいった？」

「女の子って……お前、ずっとひとりで歩いてたやないか」

「そんなわけないやろ」

「いやいやいや……ひとりでずっと喋ってるから、気色悪いなと思ってたんや。だいたい、今日は授業も休んで、どこいってたんや」

「今日は……」

Yさんは答えの途中で絶句すると、何かに気づいたように、目を大きく見開いた。

そして、いま来た方角に全速力で走り去っていった。

しばらくして、Kさんは Yさんが大学に休学届を出したことを知った。

知り合いに聞いた話では、あの日、Yさんは有名な心霊スポットに、肝試しに行ってくる、といっていたそうだ。

その後、Yさんの消息は分からない。

ぼそぼそ

深夜、大学院生のEさんは、研究に疲れた頭を休めようと、鴨川《かもがわ》の河川敷を二条から三条方面に向かって歩いていた。

季節は秋の終わりで、散歩するには気持ちがいいが、川のそばで長居をするには少し夜風が冷たすぎる。

実際、河原に腰をおろしている人はほとんどいなかった。

Eさんも、そろそろ上にあがろうかな、と思っていると、前方からぼそぼそと声が聞こえてきた。

よく見ると、橋の下で男性と女性の二人組が、川に向かってなにやら喋っている。

さらに近づくと、喋っているのは男性だけで、女性の方は息がかかりそうなくらいの近距離から、男性の顔をただじっと見つめていた。

「漫才の練習かな、と思ったんです。前にも、河原で練習してる人を何度か見たことがあったんで……」

お笑い好きのEさんが、後ろを通るときにさりげなく聞き耳を立てると、

「……その廃墟は、地元では有名な心霊スポットやったんです……」

という台詞《せりふ》が聞こえてきた。

どうやら、肝試しのネタのようだ。

その後の展開が気になったので、少し通り過ぎたところで足を止める。

「あんまりじろじろ見たらやりにくいかな、と思ったんで、スマホを見るふりしながら聞いてたんですけど……」

ただ淡々と肝試しの様子が語られるだけで、話の内容が、どうも漫才っぽくない。

しかも、となりの女性はずっと無言で、男性の顔を見つめている、というより、にらんでいる。

たしかに、一人が一方的に喋って、相方が終盤まで何も喋らない、というスタイルの漫才もあるが、それにしても、笑いどころがひとつもないのはおかしかった。

いや、単に漫才が下手なだけなのか……と思っていると、

「その家では昔、失恋した女の人が首を吊って……」

と男性がいった瞬間、女性の首が、ぐっと伸びたようにみえた。

ヒッ、と思わず声をあげると、Eさんに気づいた男性が、話をとめてこちらを向いた。

「すいません。怖かったですか？」

そういいながらも、なんだかうれしそうだ。

「実はぼく、怪談師を目指してるんです。いまも練習してたんですけど、よかったら聞いてもらえませんか？」

にこにこしながら話しかけてくる男性のとなりで、女性がじーっとEさんをにらんできた。

「あ、ちょっとそういうのは苦手なんで……」

Eさんは適当にごまかして、その場をあとにした。

「あとから考えたら、怪談師の練習に付き合ってる女友だちっていう可能性もなくはないんですけど……」

あの寒さで、ノースリーブのワンピースっていうのは、ちょっとないなと思います、とEさんはいった。

ふらふら

京都競馬場の最寄りにある京阪《けいはん》電鉄の淀《よど》駅が、まだ高架になる前の話。


旋盤工のTさんは、ホームのベンチに座って、深くうなだれていた。

あれだけ分厚かったはずの財布が、いまは帰りの電車賃しか残っていない。

レースが終わって帰りの電車に乗るたびに、これで最後にしようと思うのだが、開催日が近づくと落ち着かなくなって、気がつくと財布を握りしめて電車に乗っている。

それでも勝てればまだいいのだが、前半のレースで勝ったら、調子に乗って全部賭けてしまうし、負けたら負けたで取り返そうとして、やっぱり全部賭けてしまう。

要するに、賭け事に向いてないのだ。

いつまでもこんな調子のTさんに、結婚を考えていた彼女は愛想を尽かして離れていき、同僚から借金を繰り返しているせいで、職場にも居づらくなっていた。

今度こそ、ほんまにやめて、彼女にやり直してくれるよう頼みにいこう——そう決心をしたつもりのTさんだったが、気がつくと、線路の向こうに立てられた看板を見て、次回の開催予定日を確認している。

（ああ、おれはもうあかんな……）

自嘲《じちょう》とあきらめがないまぜになった笑いが漏れる。

このまま生きていても、今よりよくなることはないだろう。

それやったら、いっそ……。

電車の近づいてくる気配に腰をあげたTさんは、ふらふらと足を踏み出した。

転落防止のホームドアなど、まだ設置されていない時代のことだ。

衝動的に線路に飛び込もうとしたTさんの目の前に、とつぜん誰かが、通せんぼうするようにあらわれた。

それは、別れたはずの彼女だった。

付き合っているころによく目にした、本気で怒ったときの顔をしている。

思わず足を止めると、ホームに電車が入ってきた。

通過する電車の風圧に押されて後ずさる。

気が付くと、彼女の姿はどこにもなかった。

（おれはなにをしようとしてたんや……）

ようやくわれに返ると、今度は彼女のことが心配になった。

幽霊みたいにあらわれたということは、もしかしたら、彼女の身になにか起きたのでは——そう思って、電話をかけようとしたところに、その彼女から電話がかかってきた。

「生きてる?」

あとで聞くと、彼女はTさんが電車に飛び込もうとしているのを知って、電話をかけてきたわけではなかった。

買い物に出かけて河原町を歩いていたら、人混みの中にとつぜんTさんがあらわれた。びっくりしていると、彼女を見て、ニコッと笑って消えていく。

それを見て、もしかして死んだんじゃないかと思い、あわてて電話をかけてきたのだった。

ちなみに、自殺を思いとどまったTさんは、彼女にお礼をいって、そのいきおいで復縁を申し出たが、

「それとこれとは別」

といわれて、あっさり断られたということだ。

おいでおいで

思いとどまったといえば、こんな話もある。

中学校で英語を教えるGさんは、仕事帰りに寄り道をして、岡崎《おかざき》公園のまわりをぶらぶらと歩いていた。

疏水《そすい》にかかる冷泉橋《れいせんはし》の中ほどで足を止めて、流れを見下ろす。

夕方の弱い日差しが水面に反射している。

きれいだな、と思って眺めていると、ベージュのスーツに身を包んだ女性が、目を閉じたままあおむけになって流れてきた。

Gさんがギョッとすると、その女性はパッと目を開けて、にこにこと笑顔を浮かべながら、Gさんに向かってゆっくりとおいでおいでをした。

「その様子が、本当に気持ちよさそうで……」

Gさんが手すりから身を乗り出した瞬間、上着のポケットでスマホが震えた。

実家の母からの電話だった。

「――あとから考えると、その女性、わたしだったような気がするんです。服装も同じだったし……」

たぶん、誘われてたんでしょうね、とGさんはいった。

母からの電話は、地元に帰ってきて、お見合いをしないかというものだった。

お見合いは断ったけど、それをきっかけに、既婚者の先輩と別れることができた。

あそぼ

現在、大阪で書店員として働くHさんは、幼いころ京都市内の団地に住んでいたことがあった。

気管支が弱かったHさんは、幼稚園をたびたび休んでいたこともあって、なかなか友だちができなかった。

お姉さんはHさんのことを可愛がってくれたけど、当時中学生で年が離れていたこともあって、どうしても生活のサイクルが合わない。

そんなHさんにとって一番の仲良しは近所に住むOちゃんだった。

Hさんが住む団地の前には小さな児童公園があって、ブランコや滑り台など一通りの遊具がそろっていた。

Hさんはしばしば、Oちゃんと二人、ほとんど利用者のいないその公園で、当時中学生だったお姉さんが呼びに来るまで遊んでいたそうだ。

ある日の午後。

幼稚園を休んでいたHさんが、奥の部屋に布団を敷いてもらって横になっていると、ベランダの外から、

「Hちゃん、あそぼ」

という声が聞こえてきた。

お母さんは買い忘れの調味料を買いに、近くのコンビニまで出かけている。

Hさんが起き上がって、ベランダの掃き出し窓を開けると、

「Hちゃん、こっちこっち」

建物の真下にある公園で、Oちゃんが手を振っているのが見えた。

「いっしょにあそぼ」

Hさんは四階にいるのに、Oちゃんの声はまるですぐ目の前にいるように、はっきりと聞こえてくる。

「あかんねん。風邪ひいてるから」

Hちゃんが答えると、

「じゃあ、そっちにいくね」

Oちゃんはそういって、ぐんと背を伸ばした。

「はっきりとは覚えてないんですけど……飛び上がってきたような、胴体が伸びたような、不思議な感じでした」

とにかく、Oちゃんの顔がベランダの手すりのすぐ前までやってきた。

それを見て、Hさんは怖いというより、すごいと思ったらしい。

「すごいすごい」

Hさんは手を叩いて喜んだ。

「いっしょにあそぼ」

「うん」

Hさんが部屋から椅子を持ち出して、ベランダの手すりを乗り越えようとしていると、

「あんた、なにしてんの！」

お姉さんが飛び込んできて、Hさんに後ろからしがみついた。


お姉さんは以前から、Hさんがひとり、団地の前の公園で、まるで誰かといるみたいに遊んでいることに気がついていた。

「体が弱くて、なかなか友だちのできないHが、空想の友だちと遊んでるのかなと思ってたんです。あの日は、学校から帰ってすぐに、母がいないことに気づいて、なんだか胸騒

ぎがしたので奥の部屋をのぞいたら……」

手すりから身を乗り出すHさんを見つけて、必死に飛びついたのだそうだ。

その後、ほどなくしてその団地から引っ越すと、Hさんは見違えるように元気になった。

ちなみに、お姉さんの記憶では、その公園はブランコの座板が隠れるほどに草が生い茂っていて、Hさん以外に遊んでいる子供を見たことはなかったらしい。

京都市右京区にある、四棟並びの府営住宅での出来事だ。

ギャラリー

平安神宮の近くにある小さなギャラリーで働いている、Rさんの話。

十年ほど前の、ある日の午後、高校生くらいの女の子が、ひとりで入ってきた。

若い子がひとりで来ることは少ないので、珍しいな、と思っていると、その子が入り口でとつぜん泣きはじめた。

Rさんがおどろいて、どうしたのかと声をかけると、こんな話を聞かせてくれた。

昨日のこと。

彼女が京都市美術館の前にある大きな木の下でしゃがみこんでいると、短い髪をピンクに染めた女性が「どうしたの？」と声をかけてきた。

彼女は、絵が好きで美術大学に進みたいのだが親に反対されていることや、今日も朝から大喧嘩をして家を飛び出してきたことなど、普段なら友だちにも話さないようなことを、なぜか初対面の女性を相手に吐き出すように喋った。

女性は話を聞き終わると、自分は画家で、彼女と同じように親に反対され、半ば家を飛び出すようにしてこの道を選んだこと、画家になったことを後悔はしていないけど、いま思えば家族ともっとちゃんと話をしておけばよかったと思っていることなどを、淡々と話した。

女性と話してすっきりした女の子が、家に帰って話をしてみますというと、女性はうれしそうに微笑《ほほえ》んだ。

別れ際に、女の子が名前を聞くと、女性はこのギャラリーの場所と名前を教えて、ちょうどいま個展をやってるから、よかったら見に来て欲しいといって去っていた。

その後、家に帰った女の子は両親と話し合って、条件付きではあるが、美大への進学を認めてもらった。そのことを報告したくてギャラリーにやってくると、入り口にその女性の写真が飾ってある。

本当に画家さんだったんだ、と思ってプロフィールを読んでいるうちに、泣いてしまったのだそうだ。


その日、ギャラリーでは、将来を嘱望《しょくぼう》されながら若くして亡くなった女流画家の遺作展を開催していた。

肖像権

出張で京都を訪れたWさんは、取引先との会食を終えて、木屋町《きやまち》通りをひとりで歩いていた。

京都っぽい雰囲気を味わいつつ、酔いを醒ましながらホテルに戻ろうと思ったのだ。

高瀬川沿いに、多くの飲食店と、車がようやく一台通れるくらいの細い道が続く。

川には短い橋が何本もかかっていて、そのたもとには柳の木が、地面の近くまでその枝葉を垂らしていた。

さっきまで雨が降っていたこともあって、路面は濡れ、空気はじっとりと湿っている。

「幽霊でも出てきそうな雰囲気やな、と思いながら歩いてたんです。そしたら……」

ひときわ立派な柳の木の下に、白い着物姿の女性が立っていた。

その幽玄とした雰囲気に、酔った勢いもあって、Wさんは思わずスマホで写真を撮った。

すると、女性はスッと溶けるように消えてしまった。

本物だ、と興奮して写真を見ると、女性が怒った顔でこちらをにらんでいる。

一気に酔いが醒めたWさんは、足早にその場をあとにした。

五条の近くにとってあったホテルに戻ると、Wさんは手早くシャワーを浴びて、ベッドにもぐりこんだ。

雨がまた降り出したのか、パラパラと窓を叩く音が気になって、なかなか眠れない。

テレビでもつけようかと思って目を開けると、ベッドのそばにぼんやりと白い人影が見える。

さっき柳の下に立っていた女性だ。

Wさんは悲鳴をあげて逃げようとしたが、声も出ないし体も動かない。

女の人はWさんの耳元に顔を近づけると、なにやらぶつぶつと呟き出した。

声が小さくて、はっきりとは聞き取れないが、どうやらさっき無断で写真を撮ったことを詰《なじ》っているようだ。

(ごめんなさい。すぐに消すから、祟らんといてください……)

心の中で手を合わせて何度も繰り返すと、気持ちが通じたのか、幽霊は姿を消した。

同時に体が動くようになったので、すぐにスマホを手に取って写真を消した。

「幽霊にも、肖像権ってあるんですかね」

Wさんは気まずそうに笑ってそういった。

こども

いまから十年以上前の話。


大阪で公務員をしていたNさんは、奥さんと二人で、二泊三日の京都旅行にでかけた。

予定通りに観光地をまわって、二日目の夜には、亀岡《かめおか》市の花火大会を見物した。

九時前に花火が終わり、宿に戻ろうとしたが、あまりの人手にタクシーがつかまらない。

歩くとかなりの距離があるので、屋台をのぞきながら人の波が引くのを待っていると、浴衣《ゆかた》の袖を引っ張られる感触があった。

振り返ると、ひまわりの柄の浴衣を着た五歳くらいの男の子が、Nさんを見上げている。

「ん？　どないしたんや？」

Nさんがしゃがみこんで声をかけるが、男の子は黙って首をかしげるだけだ。

「迷子かな？」

奥さんの言葉に、Nさんは立ち上がって、あたりを見回した。

はぐれたばかりなら、親が子どもを探す姿が見つかるはずだと思ったのだ。

しかし、少しまばらになってきた花火客の中に、それらしき姿を見つけることはできなかった。

男の子の視線は、奥さんの手元のりんご飴にじっと注がれている。

「食べる?」

買ったばかりのりんご飴を手渡すと、男の子の表情がパッと明るくなった。

Nさんは、知らない子供にお菓子を与えてもいいのかな、とは思ったものの、りんご飴にかぶりつく男の子と、その姿を嬉しそうに見つめる奥さんの表情に、何も言えなかった。

しばらく歩いたところで迷子センターを見つけたので、

「すいません。迷子の男の子を連れてきたんですけど……」

と声をかけると、

「えっと……どのお子さんですか?」

係の人はきょろきょろとNさんの背後を見回した。

その目の前で、男の子が口のまわりを飴でべとべとにしながら、きょとんとしている。

どうやらこの男の子は、Nさんと奥さん以外には見えていない。

そう気が付いたNさんは、適当にごまかしてその場を離れると、男の子の手を引いて人混みの中へと戻った。

途中で、わたがしと特撮ヒーローのお面を買って、男の子といっしょにタクシーに乗りこむ。

宿では帰りが遅い二人のために、サービスでおにぎりを用意してくれていた。

二つの大きなおにぎりを、三人で分けあって食べる。

男の子はなにも喋らなかったが、ずっとにこにこと笑っていた。

Nさんと奥さんは、男の子が一人きりにならないよう、部屋に備え付けのシャワーを交互に浴びた。

寝る前に、奥さんは荷物の中から、昨日、鈴虫寺《すずむしでら》でもらってきた黄色いお守りを取り出すと、男の子に渡した。

それは、結婚して十年近く経つのに、なかなか子どもができないNさん夫妻が、子宝祈願のためにもらってきたお守りだった。

その後、二人は男の子を真ん中に、川の字になって寝た。

朝起きると、男の子も、黄色いお守りも消えていた。

京都から帰って一年後に息子が、さらにその翌年に娘が生まれた。

いまでは夏になると、四人で京都旅行に行くのが、毎年の習慣なのだそうだ。

十三まいり

三月の終わりのこと。

当時、小学校を卒業したばかりだったIさんは、両親と三つ離れた姉とともに、嵐山にある法輪寺《ほうりんじ》にやってきた。

目的は、十三まいりだ。

十三まいりとは、知恵まいりともいって、数えで十三の年に虚空蔵《こくうぞう》菩薩にお参りをし、厄難を払って知恵を授けてもらうという、京都ではなじみの風習だった。

正直なところ、Iさんはあまり乗り気ではなかった。十三まいりが嫌というより、反抗期にさしかかりつつあるIさんにとって、家族そろってどこかに出かけるということが、とてつもなく面倒なことに思えたのだ。

だからはじめは断っていたのだが、いつもはあっさりと諦める母親が、なぜかやたらとこだわって、何度も誘ってくる。

結局、断る方が面倒になったので、行くことにした。

当日は薄曇りで、境内《けいだい》は十三まいりにやってきた家族連れでにぎわっていた。

受付をすませて、説法を受ける。

思ったよりも早く終わったので、さっさと帰ってゲームでもしようと思っていると、

「ここからは、絶対に振り返ったらあかんよ」

前を歩いていた母親が、Iさんの方を振り返って、にこにこと笑いながらそういった。

となりで父親もうんうんとうなずいている。

十三まいりを終えたら、渡月橋《とげつきょう》を渡りきるまで、振り返ってはいけないといわれている。

かつて渡月橋が法輪寺の敷地内だったころの名残で、振り返るとせっかく授かった知恵を返してしまうらしい。

（しょうもな）

Iさんは心の中でばかにしながら、橋を歩き出した。

（さずかった知恵を返すって、元にもどるだけやん）

家族はいつのまにか後ろにまわって、Iさんを応援している。

「I、がんばれ」

「あとちょっと」

恥ずかしさとばかばかしさが、Iさんの心の中で、じょじょにむかつきに変わっていく。

（いわれんでも、わかってるわ）

あと数歩で橋を渡りきるというところで、Iさんはわざと足を止めて、振り返った。期待を裏切った気持ちよさを感じながら見ると、そこにはにこにこと笑った、見知らぬ人たちが立っていた。

それ以来、Iさんは見知らぬ人たちと暮らしている。

Coco

ここ

京都府出身。「お化け屋敷 京都怨霊館」「怪談専門のお店 京都怪談商店」代表。怪談師兼ホラープランナー。TikTokのフォロワー数は21万人。SNSの総フォロワー数は30万人を超える。怪談最恐戦2019大阪予選に出場。

知らない歌

これは、京都の某アナウンサーのタケシタさん（仮名）という方が体験した話。

タケシタさんが中学生の時に、一度だけ怖いことがあったそうだ。

夏休みのある日、タケシタさんと他の友達の三人、計四人で朝から近くにあるカラオケ店に遊びに行こうということになった。

いつものメンバーだったので、それぞれ勝手に好きな曲を入れて歌いまくっていた。

盛り上がっている中、次の曲を入れようとリモコンを操作していたタケシタさんが「あれっ？」と声を上げた。突然、リモコンが全く反応しなくなったという。

ボタンを強く捩《ね》じるように押してみたり、爪を立てるようにして押してみたりと、いろいろとするのだが、うんともすんとも言わない。

「え？　なんで？」

そう呟きながら格闘していると、リモコンから「ピーピピ」とエラー音が鳴り出した。

画面にもエラーと表示されている。

見かねた友達がタケシタさんからリモコンを奪い取り、今度はデタラメにボタンを押しまくっていると、「ピッ」と一曲だけ選択できるようになった。

「なんか曲が選べるで」

そう言いながら、みんなでリモコンの画面を見てみると――。

「道連れ」という曲名に、「日本国軍第三部隊」という歌手名が表示された。

「こんな曲、決定しても誰も歌われへんし……」

何より、急にこんな曲が出てきたことに怖くなり、また、盛り上がりも醒めてしまったので、タケシタさんたちはカラオケ店を出てしまった。

「あれ、なんやったんやろうなあ」

そう話しながら歩いていると、一人の友達が急に真っ青な顔で謝りだした。

「ごめん、今の俺のせいやわ」

「なんで？　どうしたん？」

みんなが訊くと、友達は話しだした。

「昨日、部活の練習で山に走り込みに行ったんやけど、躓《つまず》いた拍子に古墳の近くにあったお地蔵様を蹴飛ばして倒してしまってん。慌てて見たら、頭とか壊れて取れてしもうてたし――怖くなってそのまま帰ってきてん」

その友達は普段から霊感が強い子で、その時から何やら不穏な気がしてしょうがなかったのだという。

「だからたぶん、俺のせいやと思う。あんな変なことが起きたのは」

「お前のせいちゃうって、大丈夫、大丈夫」

みんなは彼を励まして、その日は解散となった。


タケシタさんはカラオケ店で突然表示された曲のことが気になり、帰宅後、インターネットで調べてみた。しかし、「日本国軍第三部隊」という歌手や「道連れ」という曲自体が存在していなかった。

また、「俺のせい」と言っていた友人が地蔵を壊した古墳と、その「日本国軍第三部隊」に何か関係があるのか、不思議に思い色々調べてみると――。

戦時中、タケシタさんの住んでいる地域では、人員や時間、道具不足などの問題で防空壕が作れないことがあった。そこで昔からある古墳を防空壕代わりにしていたという。

とすると、あの古墳に日本国軍の霊が出てもおかしくはないかもしれない――。

そのことがあってから一ヶ月ほど経った頃、地元の人気店であったそのカラオケ店は突然潰れてしまった。

カラオケ店は、何かに「道連れ」にされてしまったのではないか？　もし、あの時、自分たちがあの曲を選択していたら――。

「今ここで、お話しできなかったと思います」

そう笑いながらタケシタさんは話してくれた。

京都御所の怪異

私（Ｃｏｃｏ）は、京都の新京極《しんきょうごく》商店街で「京都怪談商店」という怖い話を専門に取り扱うお店を経営しています。

怪談師がお客様のために怖い話をするのはもちろんですが、お客様の恐怖体験や心霊写真などを買い取るということもしています。

これは、お店に来られた若い男性から買い取らせてもらった話です。

ここでは仮名でタカハシさんとさせてもらいます。


タカハシさんは、二十五歳の頃に京都の出町柳《でまちやなぎ》で一人暮らしをしていたそうです。

夏の暑い日と言っていました、いつもなら家でゲームをしたり、本を読んだりするそうなのですが、全てやりつくしていて、夜だし出かけてもどこも開いていない、と悩んでいたそうです。

「その時、ふと近くに森林公園、京都の御所のことなんですけどね、御所に散歩でも行こうと思って出かけたんです」

外にいると、家にいるよりも涼しくて、風通しも良く過ごしやすかったそうです。

なんの当てもなく御所内をぶらぶらしていると、どこからか男女の笑い声が聞こえてきました。

一人ではなく、何人かの笑い声。

「わっははははは」

「あはははは」

タカハシさんは、近くで酒盛りでもしているのか？　だったら楽しそうだし、自分も混ぜてもらいたい。

そう思って笑い声を頼りにどこでやっているのか探しに行ったそうです。

京都御所はとても広いので、笑い声が聞こえるぐらいだから近くだろうと探すも、なかなかそれらしき人たちが見当たりませんでした。

「その間もずっと、どこからか笑い声が聞こえてきていたんです」

ただこの時、タカハシさんは違和感を覚えていました。

なぜ、笑い声がずっと聞こえるのか？

「普通なら、笑う時って『それ、おもしろいね。アハハ』とか『何それ？　アハハ』って絶対に笑いが途切れるタイミングがあると思うんです。でも、僕が聞いたのはそんな笑い声じゃないんです。こう、『あはははははは、あははははは……』ってずーっと途切れることなく笑い声が聞こえてくるんです」

変に思ったので、つい声に出して「変だな」ってそう言ってしまったんですよ。

すると、今までタカハシさんに聞こえていた笑い声がピタリと鳴りやみ、シーンと静まり返りました。

この時、身体に泥を塗ったようなじとっとした、不快な感覚に襲われ、自分の周りを誰かが大勢で取り囲んで、ジーっと見られている、そんな視線を感じたそうです。

直感でこの不快感や違和感に気付いていることを、奴らに悟られてはいけない感じがしました。

ですがさっき、つい声を出してしまったので、もう一度声を出し「やっぱ、そんなことないか。もうそろそろ帰ろうかなー」など独り言を呟きながら、御所の出口まで歩いていったそうです。

歩いている間もまだ視線は自分に向いていて、怖いながらも悟られないように必死で出口を目指しました。

御所を出た瞬間、夜風がフワーっと吹き、自分に纏《まと》わりついていた泥のような感覚がなくなっていったそうです。

これで少し安心したのですが、まだ見られていたら嫌だな、そう思い、出てからも全く関係のない内容の独り言をブツブツ呟きながら家に帰ったそうです。

それからは、嫌な視線を感じることはなくなったのだとか。

これ以外にもタカハシさんは不思議な体験を多々しているのですが、自分には霊感はないとおっしゃっていました。


この話を聞かせてもらった時に、「あー、京都御所か」って思ってしまったんですよね。

京都御所には、今はもう取り壊されてなくなってしまったんですが、「開かずのトイレ」、「封印されたトイレ」、「地図から消されたトイレ」などと呼ばれていた廃トイレがありました。

有名どころではなく、知る人ぞ知る心霊スポットとして噂になっていたところです。

「封印」と言われる通り、使用できないように、入り口に木材などでバリケードがされていて、御所内の観光マップには他のトイレは記載されているものの、そのトイレのみが記載されていないというような場所です。

真相は定かではありませんが、過去にこのトイレ内で「焼身自殺があった」、「首吊り自殺があった」というような噂が囁《ささや》かれていて、その死者の霊が出るとのことです。

今回のお話と、この噂に関連があるかは分かりませんが、京都御所にはこの世の者ではない何かがいるのかもしれません——。

トイレは取り壊されて、現在はなくなってしまった。しかし夜の御所では今も、何やら蠢く気配がしている気がする。

京都府M市にある踏切

京都に住む男子大学生から聞いたお話。

その男性の友達のイズミさん（仮名）が体験したそうだ。

イズミさんは、京都の某大学の近くの学生向けのマンションで一人暮らしをしていた。

大学から近いこともあり、イズミさんの家が友達の溜まり場になっていた。

蒸し暑い夏のある夜。

いつものように友達二人が来て、イズミさんの家で溜まっていると、一人の友達がこんなことを言い出した。

「今から、肝試ししいひん？」

「それ、いいなぁ、ここらへんに心霊スポットとか、怖い雰囲気の場所とかないん？」

皆、夏ということもあり乗り気だった。

しかし、イズミさんや他の友達は、思い当たる場所がなかったので、スマホを取り出し、「京都 心霊スポット」と検索してみた。すると、近くに一件だけ見つかった。

そこは、普段学校に行く時に通っている、至ってごく普通の踏切だ。

記事には「昭和三十六年●月●日、踏切内でバスと列車の衝突事故で死者七名。昭和四十五年●月●日、同じく踏切内で乗用車と列車の衝突事故で死者五名。その他にも自殺と思われる人身事故が多数起きている場所」と書かれていた。

また、そこでの自殺者は、周りから見ると死ぬ理由がないにもかかわらず自殺してしまった——ある人はプロポーズが成功した翌日に、ある人は第一志望の会社に就職が決まって喜んでいたのに、などとある。

そのことを友達に伝えると、「ほな近いし、今から行こうや！」ということになった。

深夜を越した夜の薄暗い街灯の中、缶チューハイを片手に友達とはしゃぎながら向かう。現地に着くと、皆それぞれ踏切の周囲を探索したり写真を撮ったり、騒いでいたが、結局何も起きず、何も写らず……。

「おもんないなぁ」——誰かがそう呟いたのをきっかけに、その日は解散となった。

自宅に帰ったイズミさんが一人で寝ていると、踏切の中でポツンと立っている夢を見た。

本来点いているはずの周囲の街灯も消えており、辺りは真っ暗闇。

えっ？　と思っていると、遠くの方から何か光が近付いてくるのが見えてきた。

光がある程度の場所まで来た時に、ガタンゴトンという音と振動で「電車だ」というのが分かった。

それと同時に、カンカンカンと音を立てて踏切の遮断機が降りてきたのだ。

「あ、電車来た」

そう思った瞬間、パッと布団の中で目を覚ました。

音や振動、周囲のにおいなど、本当にその場にいたかと錯覚するほどリアルな夢だった。

心霊スポットなんかに行ったんで、恐怖心からこんな夢を見たのだろう。そう自分に言い聞かせ、そのまま眠りについた。

しかし次の日も、寝ていると、気が付いたら踏切の真ん中に一人で立っている。

状況は全く同じで、遠くから光が近付いてきたかと思うと、踏切の遮断機が音を立てて降りてくる。

「あ、早く逃げないと」

そう思い身体を動かそうとした時、金縛りにあったかのようにまったく動かないことに気が付いた。一生懸命動かそうとしても、ビクともしない。

夢だと分かっていても、本能的にヤバイと感じる。

そうこうしているうちに、イズミさんの数メートル先まで電車が迫ってきている。

このままでは轢《ひ》かれてしまう、そう覚悟し、目を強く瞑《つむ》ると――。

ガバっと起き上がることができた。いつの間にか夢から覚めていた。

昨日に続いて、二度も同じ、気持ちの悪い夢を見るなんておかしい。

それだけではない、夢が進行している。

次に、この夢を見てしまったら、どうなってしまうのだろう……。

この日は、学校に行って、友達に相談することに決めた。

二人は夢の話は真剣に取り合ってくれなかったが、必死に話をしていると「じゃあ、寝なければいいのでは？」と提案があり、そうしたら皆でその夜はイズミさんの家に行き、朝まで騒ごうということになった。

初めはゲームをするなど、楽しい時間が流れていたが、深夜の三時も過ぎると、一人また一人と寝てしまい、結局イズミさんだけが起きている、そんな状況になってしまった。

寝てしまわないよう、ぼーっとスマホを弄《いじ》っていると――。

気が付くと踏切の真ん中に立っていた。いつもと同じように電車が迫ってくる。

なんで踏切にいるんだよ！

そこから逃れようとするが、やはり身体がびくとも動かない。目の前に電車が迫ってくる。いよいよ接触しそうになったその時。

片方の足が一歩前に出ることができた。その勢いのまま踏切から出るべく横に走り、遮断機のバーに手がかかったので身体を引き寄せると、足をかけて向こう側へと飛び出そうとした――。

ガシッと後ろから誰かに肩を掴まれた。

イズミさんは恐怖で振り返ることができなかった。

「おいっ！」

聞き覚えのある声でそう呼ばれ、振り向いてみると、友達がすごい形相で自分の肩を掴んでいた。

気付くとイズミさんは、ベランダに両手と片足をかけ、今にも飛び降りようとしていた。

友達によると、イズミさんが急に起き上がり部屋の中を走り出したという。そしてそのままベランダに出ると、四階から飛び降りようとしたので、驚いて止めたのだそうだ。

もし、あのまま遮断機を越えていたら、飛び降りてしまっていたのかと思うと、怖くてその日は一睡もできなかった。

イズミさんは今でもこの夢に悩まされているという。

そしてこんなことも友達に言っているそうだ。

学校へ行く時にあの踏切を通ると、このまま遮断機を越えていいものなのか、これが夢なのか現実なのか分からなくなって立ち止まってしまうことがあるのだと。

何てことのない普通の踏切なのだが、ふとした折に誘いこもうとする魔物が潜んでいるのかもしれない。

京都のヨジババ伝説

皆さんは「ヨジババ」という現代妖怪を知っていますか？
四次元ババア、四時四十四分のババア、四時ババア、中には三時ババアなど地方によって様々な呼ばれ方をしているので、どれか一つは聞いたことがあるという方は多いと思います。

学校の怪談の一つで、内容にも多数のバリエーションがありますが、簡単に説明すると夕方の四時頃に学校の特定の場所（校舎四階のトイレが多い）で不気味な老婆が現れ、子供を攫《さら》っていく、もしくは手に持った鎌《かま》で子供を斬り殺すというものです。

このヨジババの発祥地が、京都のM神社ではないか？　という都市伝説があります。

M神社は女性の霊や落ち武者の霊が出ると言われている心霊スポットです。

M神社の休憩所には、かなり昔に描かれたと思われる絵が飾られており、その絵に白髪の老婆が子供を攫っている様子が描かれています。

老婆は夜叉《やしゃ》とも山姥《やまんば》とも言われていて、この老婆が夜遅くまで家に帰らない子供を攫っていくという話です。

これがヨジババとして現在も語り継がれているのではないかと噂されています。

そして、この絵にはまだ逸話があります、昔とある兵隊さんが度胸試しでこの絵に向かって銃を乱射したところ、絵には命中したものの、老婆の姿には一発も当たらなかったとか――。

付近には夜叉ばあさんのムクノキと呼ばれる老婆の顔に見える木があり、その前を結婚を控えた女性が通ると破局してしまうとも言われています。


ヨジババなら自分の学校にも……そう話し出してくれたのはヤマダさん（仮名）。

ヤマダさんが小学校中学年くらいの頃ですから、昭和五十年代くらいでしょうか。

京都の桂《かつら》の方に住んでいたヤマダさんの小学校にも、ヨジババが出るという噂があったそうです。

それは、旧校舎の四階のトイレの四番目の個室に、昔、ボットン便所に落ちて亡くなってしまった給食調理のおばちゃんの霊が出るというもの。

「当時の自分は、クラスの人気者になりたくてヨジババ退治を思いついたんです」

放課後、ヤマダさんと仲の良い友達三人は噂を確かめるために教室に残りました。

流行《はや》っていた銀玉鉄砲を握り、ヤマダさんが切り込み隊長として先導し、旧校舎の四階まで一列になって進んでいったそうです。

トイレの入り口に着くと、最初は威勢の良かった友達も恐怖からか口数が減りました。

そして、トイレの扉を開けて、電気を点け、一番奥の四番目の個室に向かいます。

一番目、二番目、三番目、四番目——目的の個室の前。

「よし、開けるで！」と、ヤマダさんの掛け声とともに勢いよく扉を開けると——。

そこには、いつもと変わらない普通のトイレがあるだけでした。

「なぁーんや、やっぱりなんもいいひんやん」

そう言いながら後ろを向くと、さっきまでついていた友達たちがいなくなっていました。

さすがに怖くなって急いで教室に戻ると、一緒に行ったはずの友達みんなが先に戻っていたのです。

「なんで俺だけおいてくねん、さすがに一人は怖いわ！」

ヤマダさんのその言葉を聞いて、みんなきょとんとしていました。

「あれ？　お前、先に帰ったんちゃうん？」

友達から思ってもない言葉が出てきて、困惑しました。

友達いわく、旧校舎に向かうとなった時に、急にヤマダさんが一人で教室から駆けて出ていってしまった。ヤマダさんは怖くなって家に帰ったのだと思い、自分たちも帰ろうとしていたところ、だったそうです。

それを聞いたヤマダさんも、みんなとトイレに行ったことを話したのですが、誰も信じてくれませんでした。

後日、改めて旧校舎のトイレにみんなで行ってみると、そもそもトイレには個室は三つだけしかなく、四番目の個室自体が存在していなかったそうです。

「いやー、あの時のことを今思うと、ヨジババに化かされたんだろうなーって思うんですよね、自分の学校のヨジババは給食のおばちゃんの霊やったんで、当時、やんちゃ盛りの自分に早く家に帰りなさいって注意してくれたのかもしれないです。きっと子供が大好きだったんやと思います」

ヤマダさんは、そう懐かしそうに話をしてくれました。

お祖母ちゃんの話　木札

私のお祖母《ばあ》ちゃんは不思議な体験をよくしている。

怪談師をするにあたって、お祖母ちゃんにも何か怖い話がないか、色々聞いているうちにこんな話を聞かせてくれた。私が生まれるよりもずっとずっと昔の話だそうだ。

当時、お祖母ちゃんは伏見区でペットショップを経営していた。

ある日、懇意にしているお客さんに「自分が信仰している宗教に入ってくれ」と頼まれたのだという。

ただ、お祖母ちゃんの親族が別の宗教に入っていたことと、自身はそういうものに全く興味がなかったことから、断った。しかしそのお客さんは、店に来るたびに何度も何度も頼み込んできて、お祖母ちゃんも困っていたらしい。

やがて「入信しなくてもいい、これを家の中に祀《まつ》って」と、お客さんは封筒を渡そうとしてくる。

あまりの熱心さにお祖母ちゃんも折れてしまい、「じゃあ」ということで、そのお客さんから封筒を受け取った。

「これを家の居間の高い所に置いておくだけでいい」

そう言われたそうだ。

帰宅して、封筒の中を確認してみると、そこには一枚の木札が入っていた。

木札には赤い紙が巻かれていて、その紙には細かい家紋のような模様と、汚れていて読みづらいが文字のようなものが書かれていたそうだ。

お祖母ちゃんは、お客さんに言われた通りに、その木札を居間の家具の高い位置に置いた。

木札の見た目のせいもあってなのか、空気が淀んだような気がして、なんとなく「気持ち悪いな」と思ったという。

それからというもの、息子（私にとっての叔父）が突然高校を辞めてしまったり、飼っていた猫が行方不明になるなど、小さな不幸が頻発していた。

ある時、何かの用事で遠方の知り合いのお坊さんが家に来た。

「こんなもん、飾ってたら絶対あかん！　今すぐ、捨てるか燃やすかしなさい！」

お坊さんは木札を見て怒っているように声を荒げ、お祖母ちゃんにそう言った。

お祖母ちゃんは、お坊さんが帰った後すぐに木札を持って、自分が持っている近くの墓地へ行くことにしたそうだ。

夕暮れ、日が沈みかけている頃、墓地には自分以外誰もいない。

焼却炉に小走りで向かい、持っていった新聞紙に木札を包んで火を着けた。

しかし新聞紙が燃え尽きても、木札や巻かれた赤い紙は焦げすらもしなかった。

何回も何回も火を着けたが、燃えなかった。

結局、お祖母ちゃんは諦めて、そのまま焼却炉に置いて帰ってきたそうだ。

それ以来、不吉な事は何も起きなかったという。

木札を押し付けた、あのお客さんも、ぱたりと姿を見せなくなった。

後に、お坊さんと話す機会があったので、なぜあれを捨ててこいと言ったのか聞いてみると……。

木札自体はどこかの神社のもので問題はなかった、ただ、巻かれている赤い紙が非常によくないものだったという。

お坊さんいわく、強力な呪いのようなものが掛かっていたのではないかと――。

書かれていたのは忌《い》み言葉と、模様に見えたものは、とっくの昔に途絶えたとある一族の家紋であったと、その後分かった。

どのような忌み言葉だったのかは、お坊さんは口にしたくないと絶対に教えてくれなかったという。

お祖母ちゃんの話　犬の墓

　私のお祖母ちゃんは不思議な体験が多い。こんな不思議な話も聞かせてもらった。

　お祖母ちゃんはペットショップを経営していたが、昔は犬猫のワクチンがなく、病気に罹《かか》ってしまうと免疫の弱い子犬や子猫はすぐに亡くなってしまっていたという。

　お祖母ちゃんの店でも例外ではなかった。その時も、犬の病気が流行《はや》ってしまい、可哀想なことだがほとんどの子犬が亡くなってしまった。

　死んだ子犬の処理に火葬も考えたそうだが、あまりに量が多いので、どうしてもお金が掛かりすぎてしまう。

　結局しょうがなく、自分の持っている墓地の側に埋めることにしたそうだ。

　墓の近くに雑木林があり、そこに穴を掘り、小さな子犬たちを一匹ずつ丁寧に埋葬する。

　すべての子犬たちを埋め終わると、お婆ちゃんは手を合わせて帰ったそうだ。

　その日の夜、布団に入って寝ていると、急に耳元で唸る声、叫び声ともとれる様々な声が聞こえてきた。

目を開けると、自分のベッドを囲むようにいくつもの光る眼が、こちらを睨むようにして見ている。暗闇に目が慣れてきたのか、やがて睨むものの正体が分かった。犬だ。無数の犬がベッドを囲んでいる。

一匹の犬の遠吠えを皮切りに、一斉にこちらに飛びかかってきた。

振り払っても、振り払っても犬たちは飛びかかってくる。

「怖い、痛い」

そう思っていると、ハッと目が覚めた。びっしょりと汗をかいている。

時計を見ると朝の四時、空がちょうど白み始めていた頃だった。

気持ち悪い夢で怖かったが、もしかしてと思い、雑木林へ行ってみることにした。

墓に着くと、昨日埋めたはずの場所が掘り返され、子犬たちの遺体がいなくなっていた。

昔は今とは違い、野犬が多く生息しており、近くに大きな犬の足跡が複数あったことから、野犬に食べられてしまったのだろうと思った。

「あの夢は、この子たちの助けを求める声だったのか」

その時のことを「可哀想なことをしてしまった」と、今でもとても後悔しているそうだ。

周山街道の怪異

近年ではインターネットの普及により、検索するとどんなことでもすぐに出てくるが、古い歴史を持つ京都には、ネットにも書かれていない怖い場所が存在する。

その一つに今回の舞台、周山《しゅうざん》街道がある。

ネット上ではバイク乗りや車乗りのドライブスポットとして有名であり、心霊の噂を探しても、あまり見つからないのだが、地元の人は周山街道を通るのを嫌がる人もいる。お化けが出ると言われているからだ。

この道を通らなければ、京都市内へ行けないので、我慢をして通る人も多いそうで、そのうちの一人、ミヤザワさん（仮名）という三十代の男性がこんな体験をしたと聞かせてくれた。

ミヤザワさんは、京都市内で仕事をしており、住まいが京北《けいほく》（右京区北部）という地域のため、いつも周山街道を通って帰っているそうだ。

この日、夜遅くまで仕事をしており、二条でラーメンを食べてから、京北方面に向かって車を走らせていた。

煌《きら》びやかな街中から、街灯もぽつりぽつりとしかない山道へと進んでいく。

夕方に雨が降ったのか、地面が少し濡れていたので慎重に運転をしていた。

周山街道は土砂崩れや死亡事故が頻発していて、一ヶ月前ほどから、落石により片側交互通行の規制がされていた。

いつも夜間に誘導しているおじさん警備員の手前で車を停め、青になるのを待つ。

運転席から前の方を見ていると、この日はおじさん警備員の横に、奥さんと思しき女性と高校生ぐらいの娘さんが並んでいて、ニコニコしながらこちらを見ていた。

こんな夜中に夜食でも持ってきたのかな、なんて仲のいい親子なんだろう。

微笑《ほほえ》ましいな、そう思った。

それからすぐに青になり、おじさん警備員が進めの合図を出したので、ミヤザワさんは車を進めた。

すぐにおかしいと思った。

あの親子は一体どうやってここまで来たのか？

通り過ぎる時にはおじさん警備員のものと思われる原付バイクしかなく、来る途中にも停めた車や自転車はなかった。今も車を走らせているが何一つとして乗り物らしきものは見当たらない。

しかも、おじさん警備員は無表情だったのに、ニコニコしている妻と子が横一列に並んでいるのは見ていて不自然だ。

談笑している様子もなく、思い返すとおじさん警備員は妻と子に気付いていないようにも見えた。

毎日通る道ということもあり、ミヤザワさんはこのまま怖い思いを持って終わらせたくないと思った。自分の目でもう一度、あの妻と子の存在を確かめることにした。

路肩が広くなっている場所でUターンをし、来た道を戻り、またあのおじさん警備員の前に車を停める。

ミヤザワさんは戻ってきて後悔した。おじさん警備員の横にはもう、あの妻と子はいなくなっていたのだから。

それからも周山街道を通っているが、変なものを見たのはその一回だけだそうだ。

そして、いつものおじさん警備員もあれから見なくなってしまった。

お化け屋敷プロデューサーの体験談

私の仕事仲間であり、お化け屋敷プロデューサーをしている大河さんから聞いた話。

大河さんは、関西を中心にお化け屋敷やイマーシブシアターなどの制作を大いに手掛けている。場所はショッピングモールや遊園地、宿泊施設や学校など、様々だ。

「僕がイベント制作をしていると、よく不思議なことが起こるんです」

今回は「京都怪談」ということで、京都市内の某宿泊施設での体験談を語ってもらった。


大河さんは某宿泊施設からの依頼を受け、施設内の別館に期間限定のお化け屋敷を制作することになった。

イベント設営の日、他のスタッフと朝早くから作業を開始した。前もって作り込んでおいた、お客さんを脅かすための人形などを設置し、内装をホラーテイストに仕上げていくのだ。お客さんに怪我のないよう、危険箇所がないかも確認していく。

そんな時、設置していたはずの小道具の生首が、別の場所に移動していることに気が付いた。

元の位置に戻すも、少しするとまた別の場所に転がっている。

スタッフの悪戯《いたずら》か勘違いかと思い、聞いてみたが、誰も何も知らないと言う。

あまりにもしつこく、何度も起こるので、部屋の隅に潜み、観察してみると――。

なんと、ひとりでに動いているのだ。

生首が勝手にころころと、あっちへ行ったり、こっちへ行ったりしている。

どう考えても、風や振動などの自然に起こるような動きではなく、まるで子供がボール遊びをしているかのようだったという。

大河さんが近付いて手を伸ばすと、何事もなかったかのように動かなくなった。

怪奇現象はこれだけではない。

イベント中、スタッフがお客さんの案内をしていた時のことだ。

「ジリリリ、ジリリリ」

突然、施設内に元々置いてあったダイヤル式の電話が、けたたましく鳴りだした。

お客さんはこの演出に非常に驚いていたが、何より自分たちスタッフが一番びっくりしていた。

なぜなら、そんな演出は手掛けていないのだから。

その日の終わりに、施設管理人に電話が鳴ったことを伝えると、

「あの電話は回線を繋いでいませんから、絶対に鳴らないです」

と言われた。そして続けて、

「あ、最初に言ってなかったでしたっけ? ここなんですけど、座敷童《ざしきわらし》と落ち武者の霊が出るんですよ、あっ、でも悪いことはしないので気にしないでください」

生首が動いたのも電話が鳴ったのも、座敷童がかまってほしくて悪戯をしたのだ、そう思うとなんだか可愛く思えたそうだ。

そして座敷童のおかげもあってなのか、イベントは大好評で幕を閉じた。

大河さんは最後にこう語った。

「その場所では、そこまで怖いことは何も起こってないんですけど、お化けの方が自分たちよりも脅かしのタイミングが絶妙に上手くて。生きてたらスカウトしたいぐらいでしたよ(笑)」

そうお化けを褒めていた。

山科区にあった実家の話

心霊スポットへ行っても怪談師をしていてもお化け屋敷のプロデュースをしていても、私は心霊体験をしたことがないが、過去に一度だけお化けらしきものを見たことがある。

それは、小学四年生の時に夜遅くまでテレビを見ていた時だった。

当時、私は実家のマンションで父、母、弟、私の四人で暮らしていた。

父は仕事の関係で、夕方から次の日の朝まで出掛けており、その日は不在、共働きの母も朝が早いので三歳の弟と一緒に夜の十時には寝てしまっていた。

私は当時流行っていた深夜アニメに夢中になってしまい、気が付くと夜中の一時。

まだお風呂にも入っていなかったので、母に怒られると思い、急いでリビングから台所を通り、風呂場へ向かう。

風呂を終え、洗面台で髪の毛を乾かし、ダメだと分かっていながら、またテレビを見ようと戻ろうとした時だった。リビングを見て恐怖を感じた。

長い黒髪で白い服の女が、私の部屋から煙が流れるように出てきたのだ。

顔はうつむいていて見えなかったが、当然、風呂上がりで目も冴えており、意識もはっきりしている、寝ぼけて夢を見ていたわけでもない。

母は茶髪なので見間違うはずもない。

女を見たのは一瞬だったのに、恐怖からかずいぶん長い時間見ていたように感じた。

本能的に「このまま女を見ているのはまずい」と感じた私は、顔を女から逸らし、目を瞑る。

頭の中で「見てない、見てない、何も見てない」そう何度も呟いていた。しかし、怖いもの見たさで薄く目を開けると、再び女に視線を戻した。

その時には女はもう何処にもなかった。

怖くなった私は、母の寝ている布団にもぐりこんだ。

「女が足元から這い上がってきたら」「目を開けたら女の顔があったら」

初めてのことで布団の中でも嫌な想像ばかりをしてしまう。

寝るまでの間ずっと頭から離れなかった。

気が付いたら朝になっており、それ以降は現在まで一度もお化けらしきものは見ていない。

この私の唯一の体験談を怪談としてまとめようと思った時、あることを思い出した。

今の実家は私が幼稚園の時に引っ越してきた場所なのだが、引っ越す前の内見の時のこと。家具付き物件でないにもかかわらず、前の住人の持ち物がすべてそのまま置いてあったのだ。

普通であれば、何もないまっさらの部屋を内見するはずなのに。

リビングにはテーブルや椅子、炊飯器などの家電類、寝室にはお仏壇や高齢者向けの介護ベッドがあったのも覚えている。

ベッドには古めかしい花柄の布団、その脇にはお婆さんと幼い子供の写真。

なぜ幼少期の私が、ここまで鮮明に覚えているのかというと、ベッド付近に赤いボタンがあり、好奇心旺盛だった当時の私はつい押してしまったのだ。

部屋中にメロディが鳴りだし、マンションの管理人さんが慌てて部屋を訪ねてくる。

ボタンは病院でいうナースコールのようなもので、寝たきりの老人などが何かあった時に助けを呼べるようになっていたらしい。

それを押したことで、こっぴどく母に怒られたので、鮮明に覚えているのだ。

管理人が言うには、体の不自由なお婆さんが一人で住んでいたらしい。

そして、その家に私たち家族は越してきた。あんなにあった荷物だったが、引っ越す時には全て綺麗になくなり、介護ベッドと仏壇があった部屋が私の部屋になった。

今思うと、内見の時に荷物がそのままだったのは、そこに住んでいたお婆さんが亡くなった直後だったのだろう。

私が見た長い黒髪の女性とお婆さんにどんな関係があるのかも分からないが、不可解な出来事だった。

バブル・ファッションの女

今から三年ほど前、京都四条河原町にオープンさせた「お化け屋敷　京都怨霊館」の設営作業に来ていた大工さんの話。

大工のサクライさん（仮名）は、地下の階段下でお化け屋敷内の段差をなくすために木材でスロープを作っていた。併設のカフェなどは営業しているので、作業開始は営業終了後の夜中だった。

一階では大工仲間が別の作業をしており、地下はサクライさんが一人で担当していた。

カツ、カツ、カツ、カツ――。

作業をしていると、ハイヒールの足音が響き渡った。

バイトの子かな？　不思議に思い、階段の方を見上げる。一階と地下を結ぶ階段の間には非常灯が常に点いていて明るい。

そこに、階段の非常灯に照らされた女のシルエットが、一階と地下の間の踊り場からこちらに向かって下りてくるのが見えた。

若い女で、かなり昔に流行ったバブル時代のようなファッションをしている。

濃いピンクのミニスカに同色の肩パッド入りのジャケット、ハイヒールを履いて髪型も当時の髪を再現したような、まさにバブル・ファッションだった。

見た時は驚いたそうだが、当時バブリーダンスというものが流行っていたこともあり、そのせいかとすぐに納得した。

「どうも、こんばんは」

お化け屋敷の中で一人黙々と作業をする孤独さから、つい喋《しゃべ》りかけたそうだ。

すると女は、サクライさんのすぐ横の階段下の壁の方をぼーっと見ながら、こちらに返事をするように軽く会釈をする。

人見知りするタイプなのだろうか？　そう思ったが気にせず、「バイトの方ですか？こんな時間に忘れ物か何かですか？」と問いかけた。

また会釈で返される。

言葉は一切話さないが、応対はしてくれていたので、それだけで満足し、サクライさんは話しかけ続けた。
五、六分も話していただろうか？
「おーい、そろそろ一服しよーや」

上で別の作業をしていた大工からだ。

返事をするために一瞬、上に顔を向けて戻したら、先程まで近くにいたバブル・ファッションの女が忽然《こつぜん》と消えていた。

おかしいと思ったと同時に、背筋がゾクッとする感覚に襲われた。

ほんの一瞬、目を離したに過ぎない。にもかかわらず、姿がなくなった。

そして音である。女が下りてきた時には聞こえていたハイヒールの音が、もし階段を上がっていったとか、どこかへ移動したとかしても、絶対に聞こえるはずだ。

怖くなったサクライさんは、一階にいる仲間のもとへ階段を駆け上がった。

そして、さっきのバブル・ファッションのバイトの女の話を、その大工仲間にしていると。

「こんな時間にバイトの子なんてこうへんって。もう終電ないし、しかも今時そんな格好する子なんておるわけないいやん（笑）」

そう笑われてしまった。そう言われれば確かにそうだ。

あの女は何者だったのか――不思議な体験はそれだけだ、と話してくれた。

単なる偶然だと思うが、実はこの話を詳しく聞いた次の日、サクライさんは、自身が運転する車にトラックが追突するという事故に遭っていた。

不幸中の幸いでサクライさんも、一緒に乗っていた家族も無事だったそうだが……。

舘松 妙

Tae Tatematsu

京都市生まれ。京都検定1級合格。複数の大学で仕事をこなし、宗教・歴史を幅広く調査研究。共著に『京都怪談神隠し』『稲川淳二の怪談冬フェス〜幽宴二〇一八』など。

トンネル傍の宿

京都市内にあるトンネルの幾つかは、全国的に知られた心霊スポットである。

ここで登場するトンネルもその有名どころの一つであるが、明かすと各方面にご迷惑をお掛けするので、名称を伏せることを最初にお許しいただきたい。

京都の観光業界に身をおく佐土原さんの部署に転職してきた女性Uさんは、佐土原さんより十歳ほど年下だが、どちらが先輩かわからなくなるくらい、しっかり者で有能だった。

英語もパソコンもデキるUさんは、転職して新しい環境に移ることを全く躊躇《ちゅうちょ》しない人で、それまで様々な職種にチャレンジしてきた。

そんなUさんが、以前勤めていたホテルについて、佐土原さんに話してくれたのだという。

初めてその話をしてくれた時は、

「秘密ですよ、守秘義務がありますから」

殊勝な面持ちで念押ししていたUさんなのに、数年後に件《くだん》の職場、某ホテルが廃業すると、

「やっぱりねぇ」

と、以降はあっけらかんと周りに話していたらしい。

かえって佐土原さんの方が、その話を大っぴらに語ることには難色を示した。

「だってそのホテルが取り壊された跡には今、立派なマンションが建ってるんですよ」


Uさんが勤めていたホテルは京都市街中心部から離れてはいるものの、有名な観光地へのアクセスが良く宿泊料金が手ごろだったので、なかなかの人気だったらしい。

人気があるのは、佐土原さんにしてみれば意外だった。

車でないと不便だと思える立地なうえ、正直に言えばホテルの建物も場所も間違いなく陰気臭いのだ。

有名企業が親会社で、建物の美観や修繕が行き届いていることは人づてに聞いていたし、サービスの評判も悪くない。ただその立地は、心霊スポットとして全国的に名高い某トンネルの、本当にすぐ近く。

「いくら穴場のつもりでも、アノ場所は理解できひんわ」

と訝《いぶか》る佐土原さんに、Uさんはニッコリと笑って言った。

「たぶんアノ場所だからこその役目があるんですよ」

首を傾《かし》げた佐土原さんに、Uさんはサラリと言ってのけた。

「あのホテルには、死ぬために泊まりに来るんですよ。お年寄りが独りで」


Uさんが言うには、老人が独りで泊まりに来た場合は、半々くらいの確率で、客室で自ら命を絶つというのだ。

いくらなんでも半々は言い過ぎじゃないの？　と訊いたが、Uさんは、

「いえ、本当に半々くらいなんです。

お年寄りが独りでチェックインしたら、事務所で皆ヒソヒソ言い合うんです。

このお客さん、死にに来たのかなぁって。

で、救急車が来たら、やっぱりね～、となる。

翌朝チェックアウトされたら、おや、この人は死なずに済んだな、となるんです。

私も初めのうちは薄気味悪く思って、早く辞めようと考えていたんですけどね。慣れたら平気になって結局四年ほど居ました。で、悟ったわけです。

このホテルは独りぼっちのお年寄りをあの世に渡してあげる場所なんだなあ、と。

そうそう、お年寄り以外は自殺しないんですよ。

不思議でしょ？

心霊現象が起きたかですか？

私には何にも起きなかったですねぇ。泊まり勤務のある社員さんは、そういうのに遭った人がいたみたいですけどね。尋ねても誤魔化されました」

ちなみに自殺するのは必ず「独りで泊まる高齢者」で、男女問わずであったそうだ。

そんな事が度重なれば人の口の端に上るのを抑えきれないと思うのだが、結局Uさんから聞いた以外では耳にしていない、と佐土原さんは言っている。

有名企業である親会社の力で伏せ続けることが出来たのだろうか。

現在その跡地にはマンションが建っている。

有名な事故物件サイトで該当地を見たが、そこに炎マークは無い。

最後に筆者が一つ気になったことを記す。

後日談だが、このホテル跡地の譲渡を、とある宗教法人が熱心に希望したが、ホテルの親会社は断り、マンションにしてしまった。

実はUさん曰く、彼女が働いていた当時から、その宗教法人はホテルの譲渡を強く望んでいて、度々話を持ち掛けてきた、というのだ。

宗教法人に譲って供養と浄化を任せた方が良さそうなのに、と筆者は当初単純に考えていた。

だが、お年寄りが独りで死を選ぶ場所だから？　と思いついたとき猛然と寒気を覚えた。

ホテルの建物は、閉業後に老人ホームに転用することを視野に入れて造られている場合がある――。

ただしこれは筆者の考えが、穿《うが》ち過ぎなのだろう。

その選択をせずマンションとした、ホテル親会社の英断を支持したい。

ただしそこでの老人の独り住まいは、なるべくなら抑止してもらいたいのだが。

船岡妙見奇談

京都市北区にある標高一一二メートル（麓からは約四〇メートル）の船岡山《ふなおかやま》は、船を伏せた形に似た小丘で、平安京造営時、都の中心道路にあたる朱雀大路《すざくおおじ》の起点とされたことで知られている。

また四神相応の地とされた平安京の北方の守護神「玄武《げんぶ》」に比定され、山内の建勲《けんくん》神社の一角にある船岡妙見社には「玄武」の神霊・玄武大神が祀《まつ》られている。

山のあちこちでチャート石の露頭が見られ、地質学的にも面白い場所である。

山頂に広がる大岩盤は古代磐座《いわくら》信仰の対象とも言われてきたが、これについては言説の域を出ない。

とはいえ、この船岡山が特別な山であるのは誰もが認めるところではないだろうか。

清少納言が「丘は船岡」と讃えたように、山上からの美しい眺望は都びとを大いに楽しませてきた。都の北の守り神が鎮まる山として大切にされてきたのは間違いない。

だが船岡山が陰惨な歴史を、中世から現在に至るまで刻んできた場所であることも忘れ難い事実だ。元々は皇族貴族の葬送の地として利用されてきた場所だったのだが……。

保元の乱の敗者となった源《みなもとの》 為義《ためよし》一族の処刑地。

応仁の乱ほかの戦乱において、陣どりの合戦が行われた地。

そして全国を震撼させた一九八四年（昭和五九年）、白昼の元警察官による警察官殺害事件の現場となった地。

かように血なま臭い、死が色濃く沁みついた場所でもある。

付近で生まれ育った知人の話では、現在も時々首吊り自殺が見つかるため地元の人たちによる見廻りが行われているそうだ。

知人は「日暮れ以降は絶対あの山に入るな」とも強く言っていて、実際痴漢が多いからでもあるのだが、実はもう一つの噂も関連しているらしい。

船岡山の山内を歩いていると、自分以外に誰もいない様子なのに足音だけがついてくる。

さらにはそれが日暮れで、足音の主を確かめようと振り返った先に誰も見つけられなかった場合は呪われてしまう、という噂だ。

実際、筆者の母親が日暮れにソレに遭遇してしまっている。

母親はその日、日が暮れてから、といってもまだ明るさが残っていたからだろう、船岡山の山頂部分に鎮座する建勲神社にお詣りしようとふと思いつき、石段を上っていたとき、自分の後をついてくる足音に気づいたという。

上り始めたとき周りは無人だった。そしてその足音は、母親が歩みを止めると倣《なら》うかのように音を止めた。

振り返って確かめれば簡単だが、なぜか母親は本能的に（振り向いてはいけない）と感じたそうで小走りに境内《けいだい》に駆け込み、とにかく参拝を済ませると今度は一気に石段を駆け下りて帰ったそうである。

因《ちな》みに、母親は「振り返って無人ならば呪われる」という噂を全く知らない。

母親の体験を聞いた後、噂について告げるか迷ったが、今だに教えていない。

その必要がないと確信できるくらい、あの日の体験の後、母親は船岡山を恐れて忌み嫌うようになった。

今も、家族や知人があの山に行くことを、それが昼日中であっても、必死で止めてくるのである。

そして、タイトルの船岡妙見についての奇談である。

織田信長《おだのぶなが》・信忠《のぶただ》父子を祭神とする建勲神社は、今や全国の刀剣アニメのファンに知られる聖地である。

いつ訪れても境内が清々しい。本殿を真正面に見る方の登り口からは、大文字の如意《にょい》ヶ《が》嶽《たけ》や比叡山《ひえいざん》をパノラマのように眺めることが出来て、あまりの素晴らしさに立ち去り難くなってしまう。

参拝時、偶々《たまたま》声を掛けてくださった方によると元旦早朝の初日の出が一段と素晴らしいとのことであった。

さて当神社の一角、手水《ちょうず》舎の南西方に、船岡妙見社という小さな祠《ほこら》がある。

小さいけれどどこの社こそが船岡山の地の神・玄武大神を祀る、いわば本家本元だ。

現在、その場所は日射しが燦々《さんさん》と降り注ぐように整地され、祠も新しくされ、暗さは微塵も感じられない。

しかし、かなり前に訪れたときは、昼なお暗い茂みの中に朽ちかけた祠が鎮座し、祠だけでなく神域全てが金網で囲まれていて、異様な雰囲気に包まれた一角であったことを思い出す。駒札の汚れ擦れた文字が失礼ながら禍々しさを増幅してさえいた。

金網囲いは長い期間にわたったと思われる。

このままでは神霊が去られて邪霊が棲みつくのではないか、と心配していたほどだ。

そんな、金網があった時期に日暮れに此処を訪れた女性Yさんは、異様な体験をしたという。

彼女は一旦、神社を参拝してから境内地を出て、山の中の遊歩道をぶらぶら歩いていた。特にコースも目的地も定めずに適当に分岐で道を選んで歩くうちに、神社に戻ってきてしまった。そして着いた場所は船岡妙見社の真下にあたる斜面下だった。

なんと例の金網は斜面下までどころか、その左右までも囲い込み（絶対入るな）と言わんばかりの様態だった。

勿論「立入りを禁ず」の板も貼られている。

（すごいな、厳重すぎひん？）

やや呆れていたYさんの視界に真っ赤なものが飛び込んできた。

それは真紅のロングコートを着た女性だった。

帽子なのか髪なのか判らないが、頭部は真っ黒。Yさんの位置と、彼女の視力では顔立ちまでは判別できなかったらしいが、「なんだかモッサリした感じの人」だったという。

真っ赤、あまりにも真っ赤。

そのコートの色の鮮やかさに目を奪われていたYさんだが、我に返ると驚愕した。

赤いコートの女は金網の中、なんと船岡妙見の祠の前に佇んでいたのである。

（どうやって入り込まはったんやろ。もしかしたら、ちゃんと参拝用の道があるのかも）

それなら私も金網の中に入ってみたい、と思ったYさんは赤いコートに近づいていく。

しかしあちらは無反応で、しかも金網沿いに行けども行けども、距離が縮まらない。

おかしい、おかしい。

赤いコートを視界に捉えながらYさんは小走りに斜面を駆け上がる。

ちっとも距離が縮まらないなんてあり得ないではないか。

だが金網に開口部か破れでもないかと確かめながら上がってきたYさんは、ようやく気づいた。

「金網がびっちり廻らしてあって、ほんの少しも開いてなかったんですよ」

おかしい！

じゃあ今、祠の前に居るあのひとは、どうやって入ってアソコに居るのだろう。

いや。そもそもアソコで何をしているのだろう。手を合わせてもいない。

Yさんの頭の中で（この状況は変だ！）という思いが噴き出すと、自然に足に力が入り、一気に一直線に祠前の女性に向かって突進した。

遂に声を掛けられる程まで距離を詰め、改めて見た瞬間。

目の前に居た赤いコートの女が消えていた。

そんな！　そんな！

祠周りの金網は狭く囲われている。

高さは相当あるから、よじ登って出たとは考えられなかった。

斜面を見たが、いない。

金網内に茫々《ぼうぼう》に生えている下草を踏む音を聞いていない。

悄然とYさんが目を向けた船岡妙見の祠は、ボロボロだった。

そして気がついた。季節は初夏に近い春、ロングコートで山に来る者などいるわけがない。

入りようがない場所にいた季節外れの服装の人間。

Yさんは急に自分が何かいけないものを見たような恐怖に襲われ、船岡山を逃げるように後にした。

帰宅途中に悪寒を覚えて、その夜に高熱を出し寝込むことになったという。

「船岡妙見さん新しく綺麗になったよ」と伝えたが、筆者の母親同様、二度と行きたくないとYさんは怯えていた。

玄武大神の化身ならば、赤い衣ではなく黒色か濃紺の衣だろうに。Yさんが出遭ったのは、やはり神ならぬものであったのかもしれない。

可哀想な犬

最近、書店で呪術関連本のコーナーが元気だ。

かつては書店でその種類の本を立ち読みしていると、傍に立った人からまじまじと顔を覗き込まれたりした。

それも今は昔。漫画、アニメの影響ですっかり市民権を得た「呪術」を、誰もが知らず知らずに「オマジナイ」などで実践しているのだなどと、親しみやすさを謳《うた》う本が目につく。

けれど、子供の頃に本当のそれらしきものを見てしまった筆者は、親しみやすさという表現を少しつらく感じる時がある。


子供の頃、連れて行ってもらえることが楽しみで仕方ない場所＝遊び場が幾つか存在した。その一つが京都市左京区にある京都府立植物園だった。

色とりどりの花、面白い実を落としてくれる大木、大芝生広場、水車小屋、そして大温室。

しかし子供の頃の私の目当ては、子供広場（という名称だったか定かでない）に設置されていた大滑り台だった。

現在は撤去されて二十年以上は経つだろう。

広場自体が全く違う姿に改修されていて、往時の痕跡は残っていない。

かつて三基あった大滑り台は、広場の端の高い斜面を利用していた。

大滑り台のスタート地点にあたる斜面頂上の平地部は、滑り台とは反対側の奥に進んで茂みや柵・網を越えれば、賀茂川《かもがわ》の堤《つつみ》そのものに繋がっていた。

私を含めほとんどの子供たちには、その奥地など何ら興味のわかない場所であったので、わざわざ足を踏み入れることなどなかった。

ある時、何歳頃か忘れたが小学校高学年だっただろうか、同い年の従兄とその弟と一緒に、親たちに植物園に連れて行ってもらった。他にも近い年頃のよその子供たちも多く遊んでいた。

親たちは滑り台下の広場のベンチでのんびりしていたのだと思う。

いつも通りに登る滑る、を夢中で繰り返していたが、一時、従兄弟たちの姿を見失った。

どうやら奥地を探検しに行ったようだが、さして気に留めずに遊び続けていた私に、従弟の方が駆け寄ってきて言った。

「いいもん見つけたし、あいつも連れて来いってお兄ちゃんが」

「いいもん？」

他の子供たちから離れて茂みの奥に入っていくと、満面の笑顔で従兄が待っていた。

「他の奴らにはナイショやで〜。ヒヒヒ」

この時点で従兄の企《たくら》みに気づくべきだったが迂闊にもついていくと、柄にもなく従兄がエスコートよろしく私の腕をとって声をあげた。

「ジャジャーン、犬のミイラでっす！」

速攻で逃げようとしたが、偽エスコートの腕がしっかりと私を捕まえているので逃げられない。

「そんなん見たない。やめて」

半泣きで訴えるが、それで怯むような悪童たちではないから、ずんずんと茂みの奥へ私を引っ張り込む。たまらず目を瞑《つむ》る。

「へーき、へーき」

すると、やや慰めるかのように従兄が呟いた。

「綺麗なミイラやねん。なんか寝てるみたいやで」

観念して目を開けると、そこに目を閉じた犬が横たわっていた。

いや正確には、犬の首から上の部分だけが。

思わず「ほんまや、寝てるみたい」と、私も同じことを呟いた。

「な、な、綺麗やろ。死んでからそんな経ってへんのかな」

子供なりに「死ぬ↓腐る↓虫が湧く」くらいの知識はあったから、ミイラと聞いたときに（干からびてるんかな）という発想をした。

けれど今ここにある犬の亡骸《なきがら》は、想像を超えた姿だった。

眠っているような顔の、顎よりすぐ下の骨、頚椎《けいつい》だけが剥《む》き出しになっていて、他は無かった。

まるで西洋の絵本の挿絵に出てくる、動物の頭が付いたスティックみたいだ、と思った。

犬種は、いま記憶を手繰ってみるとイングリッシュ・ポインターが最も近そうだ。

綺麗な亡骸で汚くない、怖くない、と思ったら、私たち三人は俄然調査にやる気がでた。

「首、切られたんかな」

「いや、切られたんなら骨も切れてるやろ。頭は綺麗やもん。血も付いてへん。地面に埋めて頭だけ出しとったんちゃうか」

そう、冷静な分析をしたのは従兄だった。

三人で犬の亡骸を囲んで、どれくらい談義していただろうか。結構な時間が経っていたように思う。

茂みの奥からボソボソ話す私たちの声を聞きつけたのか、よその子供たちが「何やろ〜」と言い合っている。

三人は互いに目配せして立ち上がった。

「土かけてあげへん？」と私が提案したが、従兄がピシャリと却下した。

「俺ら関わらんほうがいいと思う。可哀想やけどソッとしといたるほうがこのコのためちゃうか」

従兄の、有無を言わさぬ言葉に残りの二人は頷き、皆で手だけ合わせてその場を離れた。

茂みから出てくると、先ほどから待ち構えていたらしい子供たちが質問攻めにしてきた。

「なぁなぁナニがあったん？　俺らも見に行こうかな」

すると従兄がやや厳《おごそ》かな声音《こわね》で、こう言った。

「ようわからん動物の死体があってな、腐って、いっぱい虫湧いてた。だから土かけといたったわ」

聞くや、よその子たちは蜘蛛の子を散らすように逃げ去った。

そして私たちは、親たちに犬の亡骸を見つけたことを言わなかった。

帰宅途中、従兄弟に「植物園の人には言うたほうが良くない？」と提案したが、これも却下された。

「あの犬なぁ、すっごい悲しそうな顔して死んでたやろ。あれって飼い主にされたんと違うかな。病気で死んだのとは違うみたい。でも怒ってないし暴れてもないみたいな気がするわ。信じてた人にやられて、もうしょうがないなって言うてるみたいな顔してたで。たまたま俺らが見つけてしもたけど、もし係の人が見つけはったら、その時はその時で」

いつもは手に負えないくらいの悪童なのに、あの犬の亡骸の扱いに関しては淡々と真面目な意見を述べる従兄の姿が意外だった。

ただ、最後に従兄が、

「あれ、何かの生け贄《にえ》かな」

そう呟いたことは、私の心の内にまるで魚の小骨のように刺さって在り続けた。

そして犬神《いぬがみ》という呪法について知るのはずっと先のことだ。

四国を主とする地方で行われてきたもので、京都や関西での事例については、不勉強のため私は知らない。

だが使われる犬が適当に連れてきた犬ではなくて、愛育したものほど呪法の効験が大きいとする説明を読んだとき、すぐ頭に浮かんだのは、あの植物園で亡骸となっていた犬だった。

そのような呪法の犠牲になったのではない、と思いたい。

けれど、あの犬の表情を数十年経過した今もなお忘れられないのだ。

いや、絵に描けそうなほど鮮明に思い出せる。

口を少し開けていたが吠えようとしたのではなく、まるで溜め息でも吐くかのようだった。閉じた目は長いまつ毛で被《おお》われていたが泣いたみたいに濡れていた。

あれは露が溜まっていたのだ、と思いたい。

花や緑の場所に置いてやることが飼い主にとって犬へのせめてもの手向けであったのだろうか？　それならばまだ幾分気持ちが救われるのだが、犬が置かれたすぐ先の賀茂川の、その場所は往古の戦場跡で多くの血が流れた所であった。

金地院の亀

他府県から「京都大好き！」と通いつめて来ている方々は、大抵が各々推しの寺社を持っているようだ。

なかでもよく耳にするのが、南禅寺《なんぜんじ》。

南禅寺の素晴らしさを滔々と語る京マニアに「いや実はあんまり南禅寺には行ったことなくて」と白状すると驚かれる。そして、嘆かれる。

「あんな素敵な所が近くにあるのに。どうして行かないの？　もったいない」

そう言われる時、筆者はいつも心の中で呟いている。

（……恐ろしいから）と。

南禅寺は、よく知られているように日本最初の勅願《ちょくがん》禅寺として最高の格式を誇る寺院だ。

天皇家とのゆかりが深い理由は、離宮があったこの地で出家した亀山上皇が禅寺を開創したからだが、実は創建された当初から少々ミソがついていた事をご存知の方は、案外少ない。実は出たのである、物の怪《もののけ》が。

『文応皇帝外記』は、禅僧の虎関師錬《こかんしれん》が暦応二年（一三三九年）に著した南禅寺の由来書だが、そこに、亀山上皇が住んだ離宮の禅林寺殿（後の南禅寺）で頻発した怪異現象について書かれている。

真夜中に、殿舎内の閉め切られたはずの雨戸障子が一斉に開く。

仕えている女官たちの中には寝ている時、何者かが上に乗り押さえつけてきたために起き上がれなくなった。皆が物の怪のせいだと怯え切っていた。

大いに恐れた亀山上皇は廷臣たちの意見を容れて、南都（奈良）の高僧・叡尊《えいそん》を招いて物の怪を鎮めさせようと試みたが、全く歯が立たなかった。

遂に叡尊は、上皇に暇乞いをせず南都へ帰ってしまったという。

他の伝承では、数多の仏僧、神官、陰陽師、山伏なども用いたがいずれも物の怪を封じることが出来なかったといい、怪異は上皇の寝所にまで現れたとする記述もある。

最後に召されたのが、名僧の誉れ高かった東福寺第三世の無関普門《むかんふもん》。

禅師は離宮に泊まり込み九十日間の読経を行い、遂に怪異を鎮めることに成功した。

心服した亀山上皇がこの離宮を禅寺になおし無関普門を開山としたのが、この南禅寺の始まりである。正応二年（一二八九年）亀山上皇は南禅寺で出家して、法皇となった。

それにしても物の怪の正体が何であったのだろうか。

それの正体は、此の地を深く愛した道智《どうち》僧正という高僧の亡霊だったと云われている。鎌倉時代、園城寺（三井寺）長吏（管長）を務めた道智僧正は晩年此の地に隠棲し、その最後は白い馬（駒）に乗り天空に昇って身を隠したという伝説の人物である。

この伝説から駒大僧正と呼ばれ、住まい付近にあった滝を駒ヶ滝と呼ぶようになった。没後も此処にひとかたならぬ深い執着を持ち続けた僧正が、物の怪に姿を変えて出没したというのだから、法力に容易く屈服するはずもない。

とはいえ南禅寺（の土地）愛バトルは亀山上皇の勝利で終わり、栄枯盛衰はあったが今に見る大伽藍が造営された。

それでも駒大僧正の魂が留まる場所として、寺の最奥部に南禅寺塔頭・最勝院の奥之院が現在も大切に守られている。駒大僧正を祀る小さな堂、そして駒ヶ滝がある。

筆者は小学生の時に読んだ京都の隠された謎云々という本で、駒ヶ滝伝説については知っていた。

ところが、コロナ禍以前にこの駒ヶ滝が、外国人観光客の人気スポットになっていた事実を全く知らずにいた（外国人の友人を多数もつ方にご教示いただいた、感謝）。

滝の傍には滝行のための更衣室が設置されていて、英語の注意書きが貼られているとのことであった。

インターネットで調べてみると出てきた。裸で入らないでね、という注意書きがイラスト入りである。

英語の注意書きばかりなのには理由があった。此処は日本人観光客にはあまり知られていないが、海外の有名旅行サイトで紹介されたために、外国人観光客がとにかく多かったそうだ。

滝の現況を教えてくださった方は、駒ヶ滝を気に入っているご友人（外国人）に無理矢理連れられて現地に足を踏み入れられたそうだが、「絶対あそこ何かいますって！」と怯えていらっしゃった。

特に滝へ上がる石段下の空き地から霊気を感じられるとか。

外国人のご友人は、全く気にされていないそうだ。

筆者はその話を伺って、益々南禅寺から足が遠のいた。

というのも、大学時代の同級生男子四、五人組が夜中に施錠区域外の境内を散歩していたところ、行けども行けども、迷い込んだ墓地から出られずに一晩中、彷徨《さまよ》ったらしい。

真っ暗な道で、後ろからも前からも人の気配がするのに遂に姿は見えなかったと言っていた。彼らが「もう絶対あそこには行かない！」と叫んでいたのを思い出す。

南禅寺は「霊地」なのだ。

その意味するところは神聖な、だけではなく、ホンマに人外の何かが居る場所として、だ。

Wさんという知り合いから、結婚前に婚約者と一緒に南禅寺塔頭の金地院《こんちいん》を訪れたときの話を聞き、人外の何かが南禅寺の土地に居ることを今では確信している。

金地院は、初期の江戸幕府において法律や外交に辣腕を振るった僧・以心崇伝《いしんすうでん》の住坊であった。黒衣の宰相、金地院崇伝。そう呼んだ方がピンときていただけるだろう。

徳川家康の信任厚い懐刀《ふところがたな》として強引すぎるやり方でもって、全国統制のみならず、朝廷をも幕府の法の下にあることを世に知らしめた崇伝。

同時代の沢庵宗彭《たくあんそうほう》からは「天魔外道」とまで評され、まるで権力欲の権化のように語られることが多い崇伝だが、徳川氏が築いた江戸幕府の安定こそ世の安定、という揺るぎない信念を軸に生き抜いた人だともいえよう。

その崇伝の住坊となった金地院は、江戸時代を通じて一塔頭に留まらず、臨済宗の事実上の最高機関・僧録司《そうろくし》が置かれた寺院、また十万石の格式を持ち「寺大名」と呼ばれた寺院であった。無論、素晴らしい文化財の数々、美術工芸品、建築、庭園を所有している。なかでも小堀遠州《こぼりえんしゅう》による唯一確実な作庭として知られる庭園「鶴亀の庭」（国指定特別名勝）が有名で、歴史の教科書や庭園史の本では必ず取り上げられる名庭である。

事件は、拝観受付のある総門から明智門を通って眼の前にある弁天池で起きた。

Wさんと婚約者は先ず方丈《ほうじょう》に上がり、そこから「鶴亀の庭」を鑑賞。続いて境内の東照宮などをじっくりと観て廻ったという。

そして金地院をいよいよ出るという時に婚約者が「御手洗いに行ってくる」と言い、Wさんは彼を待つ間、弁天池の畔《ほとり》に立って池に住む鯉や亀、鳥を眺めていた。

彼女には、そうした場所で、ついつい生き物に対して人に話しかけるがごとく振舞ってしまう癖があった。

ぽかぽか陽気に誘われて、池の端の石の上には亀が二匹、目を閉じ気持ちよさげに座っていた。

「今日はお天気で気持ちいいね」

Wさんが亀たちに声を掛けた。

一匹は目を閉じたまま身じろぎもしないが、もう一匹は違った。目を開け、顔をWさんに対してぐるりと向けてきて、ハッキリ視線が絡まった。亀が反応してくれたことに気を良くしたWさんは、話しかけ続ける。

「あなた、言葉がわかるのね。賢いね」

すると亀は（そうだよ）と言わんばかりに得意げに上半身を起こし、なんと大きくかぶりを振ったのだ。

Wさんは驚いた。

（このお寺で大切に飼われているから人馴れしてるんだわ！）

そして「おいで」と、つい声に出してしまった。

と、その声を聞くや亀は何と再度かぶりを振り、石を滑り降りて池中に入り此方に向かって泳ぎだしたのだ！

（すごいわ、すごい）

この時点ではWさんは賢い亀に出会えたことに舞い上がっていた。

「がんばれ」

一生懸命泳ぎ寄ろうとしている亀の姿が健気で、愛おしくさえ思ったそうだ。この時点までは。

Wさんの眼の前の池の辺に泳ぎ着いた亀に「ご苦労様」と微笑《ほほえ》みながら労《ねぎら》うと、亀はWさんを見つめたまま池から上がってきたのである。

「こらこら、アカンよ！　池から出ちゃ」

苦笑いしていたWさんだが、続く亀の行動に凍りついた。

亀は池を出て、草が生えている地面を歩いて、Wさんに向かってきたのだ。

しかも視線をWさんからピタリと外さず、明らかに彼女に向かって「進撃」してくる。

「干上がっちゃうよ。池に戻って」

亀に話しかけるが、相手は意に介さず進み寄ってくるではないか。

お寺の方が気づいて亀に戻るように言ってくれないかしら、そう思い、周りを見回すが受付と方丈の中間点ゆえ、誰も居ない。

（誰か！）

しかし、拝観客の誰も、池の方を見ることなく通り過ぎていく。

視線を亀に戻した時、Wさんの恐怖は頂点に達した。

なんと池の端を囲う柵代わりのロープに、亀が片方の前足を掛けているではないか。

そして此方を真っ直ぐに見つめている。

「戻って！　お願いやし」

その時、僅かに亀の顔が傾いたように見えた、とWさんは言う。

「まるで、なんで？　と私に尋ねるような傾け方だったんです」

そして。

亀はもう片方の足をもロープに掛け、胸をロープに押し当て、自らの体の重みで転がり出ようとした。

「出てきちゃダメ！」

同時に「お待たせ！」という声がした。婚約者が戻ってきたのだ。

彼を見て安堵するとともに「あのね、いま亀が」と言いながらその方向を見た時――。

亀が両足をロープに掛けたままWさんを見ていた。

そして掛けていた足を外して地面に降り、池に向かって歩き出したのである。

最後に目を合わせた時の亀の表情が忘れられないという。

「なんだよ。そう言ってるみたいな気がしました」

亀がナニ？　とキョトンとしている婚約者に、今起きていたことを必死で訴えながらWさんは亀を見たが、もう亀が彼女を振り返ることはなかった。

ただ少し前から池の端に居たらしき拝観客の一人が、

「いま亀が池から出て来ようとしてたみたい」

と怯えながら連れに言い、エ〜？　と言われていた。幻覚ではなかったのだ。

南禅寺に棲む人外の何かに、この金地院の亀もぜひ加えたい。


京都の名所、特に神社仏閣は、或る人にとっては繰り返し訪れたい癒しと憩いの場所であるのに、別の或る人にとっては二度と訪れたくない恐ろしい場所であったりする。

それが往々にしてある。

今のところ私の中では南禅寺はそのナンバーワンと言える。

赤壁の家

麻実さんは京都盆地の端っこで生まれ育った方だ。

筆者と同世代だから彼女の高校時代は、昭和六〇年代にあたる。

麻実さんは幼少の頃からずっと、ちょっとした史跡マニアだそうだ。

それも有名なものではなく来歴不明の、知られざる史跡が好きときている。

ただの雑木林のようにしか見えない古墳や古塚。

駒札（自治体設置の説明板）の無い石碑や石塔。

見つけて調べてみたところ謎めいた謂《いわ》れがあったりすると、もう嬉しくて小躍りしてしまうらしい。とはいっても、その成果は身近な人達に聞かせるだけ。ＳＮＳにて公開することなどは皆無だという。

せっかく調べたのだから発表すれば良いのに？

そう投げかけると、こんな返事が返ってきた。

「誰も知らない謂れのあるものを見つけたときって、すごく嬉しいですよ。だけど知ったことが実はまずかったかもしれない……そう後悔することもあるんです。自分の心の中だけに留めておく方が良いな、と思うことが」

そう言って自分を戒《いまし》めるキッカケになった話を聞かせてくれた。


麻実さんは高校入学と同時に、自分の嗜好を大いに満たしてくれることになる得難き友を得た。

通学圏内では最も遠いF地区から通ってきていた珠子さんである。

F地区は山あいの集落ではあるが、由緒ある寺社や山菜料理を目当てにする観光客が引きも切らない場所である。

珠子さんの家は代々続く大きな農家で、家が広いこともあり、家族それぞれの部屋が廊下伝いに独立していた。

「うちに泊まりにおいで」と、彼女は麻実さんを気前よく誘ってくれた。

珠子さんの家族とは夕食以外ほぼ顔を合わせることがない。気兼ねなく泊まりを満喫できるので、麻実さんは喜んで、週末は必ずというくらい珠子さん宅に泊まらせてもらっていた。

麻実さんの家族は、歴史オタクの彼女が寺社を目当てにせっせと珠子さん宅に泊まりに行くのだと思い込んでいたが、真相はさにあらず。

実はF地区への往復のバスから見かける、ガイドブックに載っていない様々な古きものとの出会いこそが、麻実さんをF地区通いに駆り立てる理由だった。


市中からF地区への公共交通機関はバスのみ。本数も少ない。

山あいを切り拓《ひら》いた狭い道路をバスは通行していた。

こちらの窓からは斜面にへばりつくように建つ家々、あちらの窓からは遥か眼下の谷底を流れる川、そこに向かう急峻《きゅうしゅん》な崖と、どちらを見てもスリリングな眺望だ。

そのような景色の中に、本に紹介されていないような謎めいた碑や史跡を見つけたくて、麻実さんはいつもバスの窓にへばりついて外を観察していたという。


三カ月ほどお互いに忙しくて珠子さん宅へ行けず、あるとき久しぶりのF地区行きのバスに乗った麻実さんは、車窓から一軒の家に目をとめた。

「お屋敷」と呼ぶのがふさわしい、広そうな敷地を持つ新築の和風の豪邸である。

「なんでこんな場所にわざわざ建てたのかな？」

思わず麻実さんは呟いた。

その家は無理やり斜面にへばりつくように建てられていたからである。

以前頻繁にF地区通いをしていた頃、この屋敷は存在しなかった。

こんな豪邸を、あまりに不釣り合いなその立地状況を、いつも舐めまわすように景色を見つめていた自分が見落とすはずがない。

それに。

車窓から彼女が見て気になったのは、新築の豪邸の隣に佇む、古びた寺院だった。その寺のことは以前から知っている。

珠子さん宅に到着すると早速、麻実さんは通されたリビングで聞き込みを開始した。

「あのお屋敷、三カ月前はあそこに建ってへんかったよね？　たった三カ月であんな豪邸建てられるかなあ。それにお寺の隣の、不便な斜面にわざわざ建てるなんて変わってるなあ。前は、確か空き地やった――」

まくしたてられて珠子さんが、

「ああ。あのお寺の隣のお屋敷ね」

と相槌を打って話し出そうとした、そのとき。

リビング奥の台所で料理をしていた珠子さんの母親が、二人の話にいきなり割って入ってきた。気のせいか顔が怒っている。そして麻実さんに言った。

「あんたは何でも古いもんが好きらしいけど、あの家はジロジロ見るもんやない。見たってええことなんかあらへん。わかった？」

それだけ言い置くと、スタスタとまた台所に戻っていった。

なんで？　と問いたかった麻実さんだが、おばさんの険しい表情に気が引けて何も言えなかった。訊き返してはいけない空気を感じた。

取り付く島もないとはこのことだ。だから夕食中もあの屋敷の事はもう話題にはしなかった。


夕食後に珠子さんと交代でお風呂を使わせてもらったあと、彼女の部屋で寛《くつろ》いでいると、珠子さんが話を切り出した。

「麻実が気にしてる、あのお屋敷のことやけどね。あの家、うちの親たち土地の者は全員が嫌ってはるわ。地元の人と違う、他所から来た大金持ちなんやって。

この辺に親戚がいるわけでもなく、何の縁もないのに、突然あの場所を買《こ》うて、すごい造成工事をして、お屋敷を建てはったんやて。

それもわざわざ他所から大量の土を買うて運び込んで、その上に建てはったんやて。

建材も特別に取り寄せた、こだわったものを使ってはるんやってよ」

へえ、なるほど。お金持ちは土からこだわったものを運び込むのか。

「さすが！　お金持ちは敷地の地面全部から特別にしはるんやね。でも、他所から来た人たちやからってだけで嫌わんでもいいのになあ」

麻実さんが件のお金持ちに同情を示すと、珠子さんがなぜか厳しい顔つきになって否定した。さっきの、珠子さんの母親にソックリの表情だった。

「あの土、良いものやないって。うちのお祖父《じい》ちゃんやお祖母《ばあ》ちゃんはあの家の前を通りたないって、わざわざクルマを迂回させはるんやで」

「良いものやない土って何やろ？　でも手間をかけて運んできはったんやろ？　謎～」

不思議がる麻実さんに対して、珠子さんは諭すように締めくくった。

「元々土地の人やないお金持ちが何を考えてはるのかなんて、ワカラン」


その後、珠子さん宅への宿泊は月に一、二度のペースに戻った。

珠子さんの母親からはジロジロ見るなと言われたけれど、バスの車窓からあの家に、麻実さんは常に熱い視線を送っていた。

（良くない土って何やろう？　どこから持ってきた土？　気になるわぁ）

当時はまだ風水ブームが来ていなかったから、運気を上げるためという発想は麻実さんには無かった。

変な場所に、変なこだわり満載で建てたお屋敷。

好奇心旺盛な麻実さんにとっては、古いものとはまた別の興味を掻き立てられる対象だ。

（それにしても人の気配が無いなあ。あ、そっか、お金持ちはクルマで出入りするんやな）

そんな風にいつも独り言《ご》ちていたのだが、あるとき。


それは週末、珠子さん宅へ向かうバスに乗り込んで夕焼け空を眺めながら、例の屋敷に目をやった時だ。

麻実さんは「アッ！」と思わず声をあげた。

あの家の白い壁が真っ赤だった。

夕焼けの反射ではない。ベッタリと、真っ赤に塗りあげられているではないか。

「うそ。壁、赤く塗り替えはったん！」

動揺して思わず声に出してから、バスには他にも客が乗っていることを思い出し、恥ずかしくなって、そっと後ろを見た。

農家の人とわかる格好をした初老の女性が一人だけ、後方の席にいた。

女性はなぜか、振り返った麻実さんから目一杯、顔ばかりか全身を背《そむ》けるように体を捻《ひね》っていた。

（うわぁ。あの人に変な子と思われたんやなぁ）

ため息をついた麻実さんは、通過したばかりのあの家を見ようと、もう一度窓の外に目をやった。

あれ？　白い壁ではないか。

先ほど真っ赤だった壁が全く違っている――。

夕食の後、二人きりになってから「お屋敷の壁が赤かった」ことを珠子さんに打ち明けると、やはりきつく注意された。

「あの家はジロジロ見たらアカンって、あんだけきっつぅ言われたのに。その話したらウチの親は絶対怒らはるで。話題にしんといてや」

先にお風呂に行った珠子さんの部屋で、麻実さんはボンヤリと今日の出来事を反芻《はんすう》していた。

壁は確かに赤かった。綺麗に塗り替えていたと思った。夕焼けの反射なんかじゃない。だいたいあの赤色は夕日の色ではなかった。なんというか、ずっしりと濃くて濁った赤色だった。

――と、その時。窓の外を誰かが通った。

ここ二階やけど？

そう思った麻実さんは窓に近づきカーテンの隙間から外を見た。珠子さんの部屋は家屋二階の北東角、鬼門《きもん》にあたり、窓の外に見える景色は背後に聳《そび》える山の裾だ。

真っ暗な山裾の、雑木林の中に坊主頭の男性がいた。

男性はこの部屋を見上げていた。

目が合った。

ところが後々、どんな顔で、どんな風体だったのかを麻実さんは思い出すことが出来ないという。ただその坊主頭と、上着が黒い和服だったことだけを妙に鮮やかに記憶している。田舎の人だから和服か作務衣《さむえ》を着ていることもあるだろうと、不自然に思わなかった。

（二階の窓の外を人が通った気配は私の気のせいやわ。そんなわけ無いもの。あそこに居はるのは、ここの集落の人やな）

麻実さんは反射的にその坊主頭の男性に頭を下げた。そして小さな声で「こんばんは」と呟いた。下げた目線を戻して見ると、既に坊主頭は姿を消していた。

風呂から戻ってきた珠子さんには〈なんとなく〉その出来事を言えなかった。

翌日、リビングでお昼ご飯をいただいていると、珠子さんの父親が帰宅した。

山仕事の後だったらしく、首に巻いたタオルで坊主頭の大汗を拭きながらリビングに入ってきた。

「なーんや！　昨夜窓の外に居はったの、おじさんやったんですね」

坊主頭を見て「あ！」と思った麻実さんがそう言うと、珠子さんの父親はキョトンとしている。

「わし、さっき福井から車で戻ってきたとこでな。山は今ちらっと見に行ってきたがな。昨夜は家におらんかったよ」

そうですか、と首を傾げる麻実さんに、珠子さんが「何のこと？」と尋ねるので、昨夜見たままを話した。

すると、珠子さんと両親は黙りこくってしまった。

ややあって父親は、仕事に戻るからとまた出て行った。

珠子さんと母親は顔を見合わせながら、無理やり言葉を絞り出すように言った。

「夜、うちの後ろの山に入るもんはおらんよ」

「うん、人は入らんよね」

麻実さんが「じゃあ、あの人は？」と尋ねると、また母娘は困ったように顔を見合わせている。ややあって珠子さんの母親は「この辺も、変な輩《やから》が夜にうろついてるとか聞いてるんでね。気を付けなアカンね」と言った。

その後、麻実さんがF地区に泊まりに行ったのは、実に二年も先の、高校卒業間際になってからだった。

珠子さんの家の事情で「しばらく泊まりに来てもらえなくなった」と言われたのだ。二年後、久しぶりに乗ったバスの車窓から、あの家を見つけることは出来なかった。取り壊されてしまったようだ。隣の寺院は、ちゃんと在ったので、そうだと知れた。

ひさしぶりね、と以前のように珠子さんの部屋で二人寛いでいると、切り出したのは珠子さんだった。

「麻実、あのお屋敷のこと憶えてる？　あんたが、赤い壁になったのを見たって言うてた新築の家」

「もちろん。でも無くなってたね」

ああ、もったいない、すごい豪邸やったのに。お寺は在るけど、隣に家は無かったから更地になったんかな？

　麻実さんがひとしきりぼやくのを聞いてから、珠子さんは話し始めた。

「あの家な。建ってから半年ぐらいで家の人が皆、出て行かはったん。何でやと思う？

　絶対に誰も住めへんねやてさ。

　悪い土、それも人間の血が浸み込んだ土の上に建てた家やから。

　家を建てた人は何でか、どうしても或る場所の土を使って建てたいって、こだわらはってん。それが三条河原の土」

「ええッ！　あそこって確か……」

　固まる麻実さんを横目に、珠子さんは続ける。

「そうや。昔に、いっぱい処刑をしはった場所や。

　京都に昔から住んでるもんなら皆知ってるやんな。そんな、三条河原の土を持ってくるなんて計画、もちろん誰からも反対されはったらしい。でもあの家を建てたご主人は、絶対に諦めはらへんでさ。

　あそこの土の採取はいろんな理由で難しかったのに、どうしても欲しいからってお金の力にものを言わせて、どうやってか強引に手に入れたらしいわ。

　建設業者は他所の県から連れてきたって。京都の業者は皆嫌がったから。

あんな斜面に重機を何台も運び入れて、運んできた土を盛って埋め立てて、大掛かりな造成工事して家を建てて。

建てる場所も、どうしてもあの場所が良いって、ご主人が言い張らはってたんて。

理由はワカラン。お寺の隣なら祟りを抑えてもらえると思ったんかもな。

でもな、処刑場の土を持ってきたのは〈験担《げんかつ》ぎ〉って言うてはったんやて、建設業者の人が。それで地元のもんからは大ヒンシュクでな。

供養と違って、自分が益々富み栄えるマジナイみたいなことしてからに、絶対罰が当たるって噂してたな。

案の定二、三カ月で、まずそのお金持ちの家族がご主人だけ残して皆出て行ったわ。ご主人は半年の間、粘《ねば》ってはったけど、とうとうギブアップ。

そのあと、二回、新しい家族が引っ越してきはった。でも半年どころか一カ月もたへんかったなあ、どっちも」

麻実さんは恐る恐る訊いた。「もしかして何か出るの？」

珠子さんが頷く。

「あの家に越してきた人たちは地域と全く交流が無かったから、何があったのか、どんなんが出たのか、直接話を聞いた人は誰もないんよ。

でも、隣のお寺のご住職さんの奥さんからウチの近所の人が聞かはった話、母経由で私は聞いてるよ」

内容を以下に記す。

寺では毎夕の鐘を突くため、隣家の敷地に近い鐘楼に家人が赴く。するとと時々、隣の庭先に女性が一人佇んでいる。それを住職の一家全員が目撃していた。その女性は寺とは反対の方向をずっと見ていて、顔をこちらには向けない。つまり寺のほうを決して見ずにソッポを向いていた、というわけだ。

女性の着ているものは昔の上流の女性が着る着物で、袿《うちぎ》というそうだ。引っ越してきてまもなく、隣家の奥さんが、寺に助けを求めて飛び込んできたことがあった。

夕方以降になると台所にザンバラ髪の人がうろついている事がある、と住職夫人に泣きながら訴えていたらしい。自分の主人に言っても、取り合ってくれないのだとも。

また、あの家の庭に夜更け、落武者が一人座っているのを住職が何度も目撃している。落武者はいつもお寺のほうをジーッと見つめているのだが、ただ座って見つめているだけで、表情はわからない。

「他にもいろんな霊を見かけたらしいけど……どの幽霊も皆、身なりからして昔の身分の高そうな人たちなんやて。子供の霊も何人かいて、家の内外を走り回っていたって。家が建つ時の経緯をご住職一家は知ってはるから、現れる霊のために毎日お経をあげてはったんやて」

そして珠子さんは麻実さんを覗き込むようにして、こう言った。

「そやし、この辺の住民は皆、あの家をジロジロ見たら厄介なものを拾うか、祟られそうって怖がって、見ぃひんようにしてたわけよ。バスで一緒やったオバサンがあんたを避けたはったんも、そのせいやで。

あんたが赤い壁を見たって聞いたときは、これはマズいって思ったわ。

私の部屋の外に人がいたって話したときは、連れてきたんやなって確信したもん。それから母に問い詰められて赤い壁の話をしたら、麻実ちゃんをしばらくウチに泊めへんようにしなさいって言われてな。

あの子が憑りつかれんようにするには、あの家を見る機会を断つのが一番有効やって。で、やっとあの家が取り壊されたし安心やから、こうしてまた来てもろたんやで」

麻実さんは微《かす》かに震えながら訊ねた。

「じゃあ坊主頭の人はあの家にいた霊で、ジロジロ見てた私を追っかけてここまで来たってこと？」

珠子さんは頷いた。

「ウチのお祖母ちゃんに、あんたの見た事を話したんよ。そしたらお祖母ちゃん暫《しばら》くウーンって考え込んでから、礼儀正しくしたたし大丈夫やったんかもな、て言わはった」

「え？　礼儀正しいって何が」

「あんた挨拶をちゃんとしたやん。坊主頭の人に」

「あ！」

「あっちの世界の人も礼儀正しいもんには悪いことせんのやろ、て。ホンマによかったなあ、憑りつかれんで済んで！」


そんな怖い思いを味わったくせに麻実さんは懲《こ》りもせず、F地区から戻ると早速あの家の土として使用された三条河原について調べ始めた。

幕末には尊王攘夷《そんのうじょうい》のテロの犠牲者が生首を晒された場所である。

だが「祟」「落武者」「子供たち」というキーワードから導き出される答えは、唯一つだ。

【豊臣秀次の妻妾、子など一族三十九名の処刑事件】である。

豊臣秀次は太閤秀吉の甥（姉の子）で、嫡男を亡くした太閤の後継者と定まり関白職と聚楽第《じゅらくだい》を譲り受けた。しかし間もなく秀吉側室の淀殿が拾《ひろい》（秀頼《ひでより》）を産み、秀吉は秀次を疎《うと》んじるようになる。遂には謀反計画があったと疑われ高野山に蟄居《ちっきょ》の上、切腹させられた。

太閤秀吉は秀次本人の死だけでは満足せず、最年長が九歳の遺児五人を含む妻妾など三十九人を三条河原で衆目監視の中、刺殺または斬首した。

その際、刑場に築いた塚の上に秀次の首を置き晒した前で、刑を執行した。

刑場脇には大穴が掘られて、そこに遺体が次々に放り込まれた。縁者による遺体の引き取りは固く禁じられたという。塚の上には、「秀次悪逆塚」と刻まれた石櫃が置かれ、その中に秀次の首が納められた。衆人誰もがあまりの惨たらしさに涙するも、太閤の勢威を恐れて供養の花を手向けることは無かったといわれている。

後年、僧が庵を結び弔いをしたが、年月を経て庵は荒廃、鴨川の洪水で塚が流されてしまい跡かたもなくなってしまった。

しかし江戸時代の一六一一年に角倉了以（高瀬川を開削した豪商）が埋もれた遺骨を拾い集めて塚を建て、石櫃から「悪逆」の字を削り、秀次一族を弔う寺を建立した。

三条木屋町に在る瑞泉寺がそれである。了以の実弟は秀次の家臣だったが連座を免れており、弟の縁故から了以は寺の建立に力を尽くしたとされる。

麻実さんが念願叶って漸《ようや》く瑞泉寺を訪れたのは、珠子さん宅に最後に泊まってから既に十年以上も後だった。珠子さんは既に嫁ぎ、彼女の実家のあるF地区へのバスに揺られて車窓の景色を眺めたのは、その時点でも既に遠い思い出だった。

賑やかな三条通の高瀬川畔に、ひっそりと時間を忘れたかのように佇む瑞泉寺。高校時代の不思議な、後から考えると少し怖い思い出に関わる寺だから気になっていたのだが、それ故に軽い気持ちで門をくぐることに躊躇《ため》いがあったそうだ。

偶々知人が入りたがったのに付き合う形で、遂に門をくぐった。

入ってすぐ「どうぞお掛けになってください」という旨の案内板と共に、ベンチが設置されている。ちょっとした東屋《あずまや》風にしつらえてある其処には、寺の由来、豊臣秀次一族の悲惨な最期、弔いを決意した角倉了以の尽力が、絵巻物の写真・資料を添えて紹介されていた。そして本堂の前庭は秀次公一族のために、年中何か花が咲いているように、花を絶やさないようにしてあるとも書いてあった。

秀次公の塚を奥にしてずらりと並んだ一族の墓碑。その傍らには地蔵堂。一族処刑の際、引導を授けるために置かれた地蔵菩薩立像（通称引導地蔵）が安置され、その手前に一族三十九名と殉死した十名の家臣の姿を写した四十九体（乳幼児は母に抱かれている）の京人形が安置してある。

その堂の前に進んだ麻実さんは思わず「アッ」と声をあげた。

「そのお人形たちの中に一人居たんです。坊主頭の人が」

坊主頭の人形は、秀次公に高野山まで付き添い、主の切腹の先立となった僧侶だった。

その人形は墨染の黒衣を着ていた。

麻実さんが見た正体不明の人物は、その僧侶の霊だったのだろうか。

歴史的事実との符合に気づいた麻実さんは坊主頭の人物＝殉死した僧侶、その裏付けを取ろうと、さらに熱心に調べたという。

そして或る時をもってパッタリと調査を打ち切り、

「知ったことが実はまずかったかもしれない……。そう後悔することもある」

という冒頭の言葉に繋げるのである。

彼女が口にする「知らない方が良かった事実」とは、何だったのか。

麻実さんは瑞泉寺へ行った後、その調査とは全く関係の無いところから、自分が持つ因縁を知った。いや、知ってしまった。

実は彼女の母方の先祖の一人が豊臣秀次公の家臣だったのだ。


事件では三条河原で命を落とした一族以外に、秀次公の家臣団、妻妾の親族、果てには公を弁護した者にまで処罰が及んだ。

領地召し上げや流刑は軽い方で、家老の娘までもが磔《はりつけ》にされる凄まじさだった。

太閤秀吉は、かつて跡継ぎに迎えたほどの我が甥の係累根絶を目指したのだ。

後顧《こうこ》の憂《うれ》いを断つために。

しかし家臣の中には少数ながら、運よく連座を免《まぬが》れた者がいた。

何をもって罪の軽微に繋がったのか分からないが、そうした旧家臣たちは他家奉公に転じて生き延びたのである。

麻実さんの先祖は、上手く生き延びた者たちの一人だった。

田辺青蛙

Seia Tanabe

京田辺市出身。『生き屏風』で日本ホラー小説大賞短編賞を受賞。著書に『関西怪談』『大阪怪談』『大阪怪談 人斬り』『モルテンおいしいです^q^』など。共著に『京都怪談 神隠し』『読書で離婚を考えた』など。

オキキ狐

京田辺市在住の、Uさんから聞いた話。

もう随分古い話なので、こういう風習を知っている人も少ないと思います。

狐施行《きつねせんぎょう》という行事がかつてありました。

冬の寒い最中に「せんぎょう、せんぎょう」と唱えながら、田んぼの土手に開いた穴や山中にある石塚に、餅や甘辛く炊いた油揚げなどを置いて帰るんです。

そうするとねえ、山から「オキキさん」という狐が、化けて出るという話があって、私の母が子供時代に近所の葬儀で見た、亡くなられた中野家のおじいさんにそっくりの人が家に入っていって。あれ？　どういうことやろうと、随分不思議に思ったそうです。

オキキは死んだ人に化けて、家族しか知らないことを家の中で二つ、三つ話して玄関から出て行かはるらしいです。

その時、決して後を追ってはいけないそうで、もし追ってしまうと家族の誰かが一人、二人と引かれるように亡くなるそうで。

オキキが去った後は、家の中の食べ物が何か必ず一つ、消えるか食い荒らされていて、一口でも齧《かじ》られた跡があればそれはもう、オキキのもんやからということで、狐施行の場所に供えるか燃やすかせなあかんのです。

美味しそうな牡丹餅《ぼたもち》を一口だけ齧っていったこともあって、母は悔しかったと言うてました。今は牡丹餅なんぞ、幾らでもありますが、当時はそうではありませんから。

オキキは占いも巧みで、何か一つだけなら、どんなことでも教えてくれたらしいです。ただ、聞くのは命がけで、やはり占いを願った者が引かれるように、亡くならはるそうです。

そんなオキキ狐ですが、昭和の九年か十年頃の水取般若《みずとりはんにゃ》付近での目撃譚を最後に見ないようになりまして、それ以後はなんぼ狐施行をしても現れることはなかったそうです。

京田辺は狐川とか、狐谷とか狐がついた地名が多いでしょう。それだけ狐が昔はおったんですよ。

モグラを追い払い豊作を祈願する、もぐらおくりの歌「おんごろ」は、まだ風習として京田辺市内に残っていますが、狐施行はさっぱり忘れ去られているでしょう。

何かの機会で復活させたら、もしかしたらオキキも再びやって来てくれるんじゃないかなと思っています。

去年ね、山の塚にスーパーで買った厚揚げやけれど、お供えに行ったんです。そしたら、家の玄関に犬のような足跡が三つほどぽつぽつとついていまして、それだけやなくって、庭石の上にね、私の母によく似た人がニタニタ笑っているのを見たと妻が言っていたもんですから。

だからオキキはまだね、山におるんやないかと疑っています。

まとわりついている

京都には結婚を機に移ってきたという、イラストレーターの橋村さんから聞いた話。

橋村さんは、時々京都の町中を歩いていると、蜘蛛の巣がまとわりついているような家を見ることがあるという。それはずっと見えるのではなく、数秒もしないうちにふっと溶けるように消えてしまうそうだ。

霊感があるなんて、思ったことすらもなく、他の土地では似たものすら見たことがないという橋村さん。どうして、そんなものが京都の町中で見えるのか、本人は全く分からないのだという。

「その後、それがまとわりついている家で何かあったとか、そういうのがあるんじゃないかなって思って、ニュースなんかを見て調べたこともあるのですが、特にそういう情報も見当たらないんです。

ただ、私の家でもそれを一度だけ見てしまったことがありました。

市内のマンションに住んでいるのですが、ただいまーって仕事から帰ってきたらトイレットペーパーが切れていたことに気が付いたので、買いに出たんです。

そうしてマンションの外に出て、後ろを振り返ったら、もやもやっとマンション全体を覆うように、蜘蛛の巣がまとわりついているのが見えたんです。

あら、うちにも？　なんて思いながら眺めていたら、やっぱり数秒もしないうちに消えてしまって。

スーパーで、トイレットペーパーと、他にもそろそろ補充しておいた方がいいなと思った洗剤なんかも一緒に買って、マンションに帰ったんです。

そして、郵便受けを見たら、中には何も入っていなかったんですけれど、変に内側がぬるついていたんです。指で少し触って嗅ぐと、ツンっと鼻に来る臭いも感じました。翌日は臭いも消えていたし、それだけなんですけれど……。

でも、これは時々私が見る蜘蛛の巣と、関連がもしかしたらあるのかなって……。

それに、私が自宅マンションに蜘蛛の巣を見た日、新しい人が引っ越してきたらしいんです。その人——噂なので、全く違うかも知れないんですが……とある、かつて世間を騒がした殺人事件の容疑者だったたっていうんです。

同じ住むマンションの人に、もっぱら噂になってるよって聞いて、当時の事件の切り抜きまで見せられたんです。確かに顔は似ていましたが、苗字も違うし、他人の空似なんじゃないかなってご近所さんには伝えたんですけどね。

でも、そのご近所さんは、苗字なんか、養子縁組やらなんやらで、簡単に変えられる方法が幾つもあるって言うんです。そういう噂が出たせいか、その人は直ぐに引っ越してしまいました。

考えてみると、その人が本当にその事件の容疑者だったとしても、同じマンションの人からそういう噂をふりまかれるって、とても迷惑だし怖かったでしょうね。

これって、ヒトコワ怪談っていう、人間が怖い怪談に含まれるでしょうか？」

「どうでしょうねえ」と橋村さんに伝えると、彼女は私に顔を寄せてこう言った。

「この喫茶店、実はさっき入る前に蜘蛛の巣が見えたんです。だからかな、ここのコーヒー少し変な味がしません？　それに血に似た臭いも感じません？」

「いや、別に。全国チェーンだし、よくここ利用していますが、いつもと変わらない味だと思いますよ」

「それは絶対ないですよ。田辺さん、砂糖を入れ過ぎているから味が分からないんじゃないですか？」

そう彼女は何度も同じことを繰り返し言いながら、首を傾《かし》げていた。

取材終了後、聞いた話をこの場でまとめてしまうので、先に帰って構いませんよと橋村さんに私は伝えた。

彼女が帰った後、少し気になったので、机の上に残された橋村さんのコーヒーカップに鼻先を近づけてみたら、確かにプンっと腐ったような生臭さを感じた。

猿の聲《こえ》

今まで一番怖かった出来事は？　と聞かれて、思い浮かぶことが幾つかある。

その中の一つの話を紹介しようと思う。


当時、とある女子校に通っていた私は、自分の体の変化に戸惑っていた。

時々下腹部に疼痛《とうつう》を感じ、急にどっと汗が吹き出してきたり、吐き気が込み上げてくることがあった。

しかも症状はそれだけでなく、下腹部の一部が盛り上がり硬くなっていた。

私はその変化を見てもなんでもないフリをし、なるべく体の線の分からない服を着て、制服もインナーを重ね着してクラスメイトや家族に下腹部の膨れが分からないようにした。

しかし、その膨らんだ部分は日に日に育っていった。

これは悪い夢なのではないかと何度も思ったし、学校でちょっとした瞬間に下腹部の硬く膨らんだ部分に触れると恐ろしくて仕方なかった。

強く押すと凹《へこ》むのではないかと思ったが、服の上からでも感じるそれは、冷たく石のように硬く、便秘薬もまるで効果が無かった。

夜に、下腹部の膨らみから、得体の知れぬ化け物が突き破って出て来る悪夢を見て、飛び上がるように目覚めたのも数えきれない。

恐ろしさに耐えられないほど不安になってきたので、勇気を出して私は内科に行った。

するとこれは、婦人科の領域だろうということだった。

しかも妊娠を疑うようなことまで言われ、心当たりが全くなかった私は、厳しい口調の医師の前で思わず泣いてしまった。

当時、異性交遊はおろか、三次元の世界の異性と口を利く機会さえない状況だった私は、これは、医師が存在すら知らぬ、未知なる寄生虫に寄生されたのではないだろうかと疑った。

それともこれは未発見の奇病で、誰にも理解されずにこのまま死んでしまうのではないだろうかと思い悩み、病院から出た後、誰も居ない場所で震えながら泣いた。

アスファルトの地面から草いきれの湿った空気が立ち昇り、体に纏《まと》わりつくようだった。

体の内側を毟《むし》り取りたいと下腹に爪を立てたが、ぐうっと吐き気と痛みが込み上げてきた。痛みと吐き気が去ると、私はしばらくその場で蹲《うずくま》ってまた泣いてしまった。

そんな私の周りを更に小さな虫たちが集《たか》り始めたので、仕方なく立ち上がって、田舎道をとぼとぼ一人で歩いていると、横を白いセダンが通り過ぎ、少し先で止まった。

「あんたどうしたん、そないに泣いて？　なんかあったん？」

セダンの運転席から顔を出したのは、私の祖母だった。

「こっちおいで、目も真っ赤にして、何があったか言うてごらん。誰かと喧嘩でもしたん？」

私は自分の身に起こっていることを嗚咽《おえつ》を交えながら、祖母に言った。

そして、親に伝えたら、妊娠や、不純異性交遊を疑われそうで嫌なことも伝えた。

「お婆ちゃん。私、自分の体に何が起こってんのか分からんから怖い。このまま死んでしまうんやろうか……」

祖母は私の話を聞き終えると、皺《しわ》だらけの手を車の窓から伸ばして頭を撫ぜながらこう言った。

「なんやよう分からんけど、お腹に瘤《こぶ》が出来とんのやろね。それやったら車に乗り。猿丸さんに連れてってあげるから。

そこでお参りしてから、病院に行こ。婆ちゃんがお医者さんの話を一緒に聞いたるし、誰にも言わんから。家にはあたしから連絡入れとくから、今日はうちに泊まり。学校も明日は、婆ちゃんの家から行ったらよろしい」

祖母は私を車に乗せると、ハンドルを握ったまま、猿丸さんについての説明をしてくれた。

「百人一首にも選ばれた、平安時代の歌人の猿丸太夫さんの神社でな、体のできもんや、瘤を取って欲しい人の祈願で知られる場所なんよ。【奥山に紅葉ふみわけ鳴く鹿の声きく時ぞ秋はかなしき】の歌は学校で習ったやろ？　神社の本殿には、数多く木の瘤が奉納されとってな、中には二百年前くらいの瘤の木もあるらしいで。えっちゃん（祖母は私のことをこう呼ぶ）も知ってるやろうけど、あたし、お猿さんが好きやろ。

だからそこに今日は、お猿さんのお守り貰いに行くつもりやったんよ。その途中で会ったんやから、これも縁やろうなあ」

祖母は当時、花子という名前の猿を飼っていた。

私は正直言うと、歯を剥《む》き出して甲高《かんだか》い声を出し、時々私の顔を目掛けて糞を投げつけてくるその猿が大嫌いだったが、祖母は大層可愛がっていた。

数多くいた孫の誰よりも、花子を可愛がっていたのではないだろうかと未だに思っているほどだ。

どうして、そんなに猿が好きだったのか理由は分からないが、祖母は生きた猿だけでなく猿にまつわる物も好きで、猿グッズをコレクションしていた。

猿丸神社に着くと、祖母は社務所に行き、さっそく目当てのお守りを購入していた。

そして、石像の猿を横目に見ながら私は手や口を手水《ちょうず》で清め、社に向かった。屋根のある古めかしい社には、瘤のたくさんついた木が確かに納められていた。その、瘤のついた木を手に取って、患部を擦《さす》るといいと聞いていたので、手近にあった白い木を一つ手に取り、腹の硬い部分下腹部に当てて二、三度擦ってから、元の場所に戻した。

絵馬堂には猿の絵馬が沢山かかっており、がん封じでも知られている神社のようで、病との闘いを終わらせて欲しいと書かれている物が幾つもあった。


お参りを済ませた後、車に乗ると、祖母から鈴のついた猿の形の「身代わり封じ」お守りを渡された。

「これ、持っときや。体に不調がある時は不安やろうから」

私は何も答えず、受け取ったお守りをぎゅっと握った。

数十分後、車は自宅から離れた場所にある婦人科病院に着き、そこで診察を受けた。

物腰の柔らかい先生で、初対面だったが頷《うなず》きながら私の話を聞いてくれて、その後CTを撮って貰ったところ、おそらく卵巣嚢腫《のうしゅ》だろうということだった。

卵巣嚢腫とは、卵巣に腫瘍が出来て大きく腫れてくる病気で、九割が良性だそうだ。

しかし、手術をしないと破裂して死に至る可能性があるということで、近くの総合病院に紹介状を書いてもらい、そこで入院と手術の日取りが決まった。


手術の当日、病院で、麻酔科の先生に麻酔に好きな匂いを付けられますよと言われ、サンプルとして小瓶に入ったイチゴとメロンとバニラの香りのする香料を嗅がせてくれた。

私はイチゴを選び、手術室に入った。

マスクを被せられ、イチゴの匂いを鼻先にふっと感じた。そして「ギィ」と猿の花子の鳴き声に似た音を聞いた瞬間に意識を失い、奇妙な夢を見た。


手術台の上に横たわっている私の体の上に、猿の花子が座り、毛むくじゃらの手を腹部に突っ込んでかき回している。

そして内臓の間から、小さな泡のような目玉がびっしりと付いた、白と黄色の脂肪の交じった桃色の肉片を取り出すと、くちゃくちゃと音を立てて咀嚼《そしゃく》しはじめた。

私と目があうと、花子は血濡れの歯を剥いてにぃっと笑った。目も赤く血走っていて、その姿はまるで疫病の化身のようだった。

花子は今度はげえっと、いきなり口からコールタール状のゲロを吐き、ぼたぼたと白い唾液の糸を口内に纏わりつかせながら、私の腹の上で手をパチパチと手を叩きはじめた。

手を叩く度に、広がる生暖かさと酸っぱい吐しゃ物の臭いに思わず顔を背《そむ》けてしまい、再び体の上を見るとその場に花子はおらず、つるんとした元の腫瘍が出来る前の状態の下腹部があった。

ああ、よかったあ、と夢の中で安堵したのと同時に目が覚めると病室にいた。

麻酔の影響だろうか。物凄くリアルな夢で、周りにまだ猿の花子がいるんじゃないかと錯覚してしまったほどだった。

しばらくすると、医師と一緒に看護師が入って来て、手術の内容を説明してくれた。

「皮様嚢腫でしたね。十代や二十代の女性に多くみられるのが特徴の病気の一つです。原因は不明なんですが、卵巣の卵子が受精していないのに、勝手に分裂を始めてしまうんです。その結果、髪の毛や歯などの人体のいろいろな部分が、卵巣の中で中途半端にできてしまうんですよ」

医師から、銀色のトレイに乗った、絡まった髪の毛と、歯の欠片らしき白い物と黄色いぷよぷよしたゼリー状のものにくっ付いた肉片を見せられた。

人の欠片《かけら》が自分の体内にいるだなんてなんだか『ブラックジャック』のピノコみたいな感じだなと、麻酔から覚めたばかりのぼんやりした頭で、トレイの中身を眺めながら思っていると、医師が私に「何か質問はありますか？」と言った。

私は思わず、点滴の管のついた手で銀のトレイを指さして、「それ、持って帰れますか？」と聞いた。

医師と看護師は互いの顔を見合わせた後に、苦笑交じりにこう答えてくれた。

「一般的に、摘出された患部は、病院で医療廃棄物としてこちらで処理するのですが、どうしても欲しいですか？」

私は強い口調で「欲しいです」と伝えた。

「しばらく待っていて下さい。退院時までに持ち帰れるかどうか確かめてみます」

カーテンを閉めて医師と看護師は出ていき、私は腹に手を当てた。

傷口の盛り上がりはあったが、以前のような硬い瘤のような膨らみはそこにはもう無い。

ベッドのサイドテーブルを見ると、祖母から貰った鈴のついたお守りが置かれていた。

退院時、チャック付きビニール袋に入れた、歯と髪の毛が看護師から手渡された。

私から分裂した私の一部、クローン組織のようなもの。

貰った組織を祖母に見せると祖母から、「そないなもんは持ってんと、埋めた方がいい」

と言われた。なので私は、私の組織を埋めて墓を作った。


墓を作ったのは自宅の庭の片隅だった。

目印として、川原で拾って来た石をその上に置き、時々手を合わせた。

あのまま手術を受けなければ、もう少し育つことができたものたちだ。

私から急に切り離されて、思うこともあったのかも知れない。

そんな風に当時の私は考えていた。


それから数年後、私は家を出た。

その間、親が家を人に貸してしまって、庭に入れなくなってしまった。

あの、私が作った、私の一部の墓はどうなったのだろうとたまに思う。

先日、とある事故物件の情報サイトで実家を検索してみたら、心理的瑕疵《かし》物件となっていた。私の知る限り、あの家で事件や事故が起こったことはない。

心理的瑕疵とは、そこで何かが起こったというのではなく、お化けが出るだけというケースもあるという。

まさかとは思うが、私の作ったお墓のせいで何か化けて出ていたら申し訳ないと思う。

もう手術を受けてから随分経ってしまったが、未だにあの時の育っていく下腹部のことや、手術室で聞いた猿の声を夢に見て、飛び起きることがある。

得体の知れないものが胎内で育つというのは恐ろしいなと思うし、そのせいか結婚したのち、妊娠期の記憶があまり無い。

八幡の鯉

八幡《やわた》市在住の小林さんから聞いた話。


古い昔話を最初にさせて貰いましょうかね。

石清水《いわしみず》八幡宮の近くを流れる放生川《ほうじょうがわ》は、三勅祭の一つ石清水祭（石清水放生会）が行われることから、一切の殺生が禁じられた場所だったんです。

そこから少し離れた、男山の麓に年老いた母と子が住んでいたのですが、ある日、母が子の前で突然倒れてしまいました。

倒れた日から、床に伏した母は日に日にやせ細り、声を出すのも稀《まれ》となってしまい、子は考えられる限りの手を尽くし看病をしたのですが、病は重くなる一方でした。

そんな時に「鯉の生き血を飲ませれば、病快癒に繋がる」という噂を聞き、子は夜更けに、男山の麓の二の鳥居をくぐり、放生川の水が流れ込んでいる祓谷《はらいだに》にかかる神幸橋《しんこうばし》の上に立って川を覗き込みました。

すると、誰も捕る人がいないせいか、水底をゆうゆうと大きな緋鯉が泳いでいるのが見えたのです。

子は「殺生禁断」の言葉が頭を過《よぎ》ったのですが、自分は地獄に落ちても構わないから母を助けたいと思い、川にざぶんと飛び込むと、手づかみで大きな緋鯉を捕り、抱えるようにして家に持ち帰りました。鯉も何かを悟ったのかどうかは分かりませんが、口をパクパクさせながら尾を動かすこともなく、子の腕の中でじっとしていたそうです。

そして、子はまな板の上で、スパンっと鯉の首を刎《は》ね、骨に皮が張り付いたようにやせ細ってしまった母に、薬と偽って生き血を飲ませました。すると、母はすぐ顔色も良くなっていき、数日後には床上げとなりました。しかし、元気になっていく母の姿を見ても素直に喜ぶことができず、子の心にはずっと殺生の禁を破ったということが重く圧《の》し掛かっていました。

ある日すっかり回復した母の姿を見て、決心した子は、自分の犯した罪を償うために、役人に名乗り出ました。

しかし役人は親思いの子に感心し、その罪を問うことは無かったそうです。

それ以来、八幡は病の人には鯉が効くということが知れ渡り、しかし殺生が禁物なのは変わりませんでしたから、長患いの時に、紙でできた鯉を布団の下に敷くという民間信仰が流行し、やがて紙鯉と呼ばれる八幡の名産品の一つとなりました。

昔は、あちこちで紙鯉を商う店があったらしいのですが、今はその存在すら知る人も少なくなり、石清水の八幡宮だけが、紙鯉のお守と子と親の絆と言い伝えを受け継いでいます。

僕も実を言いますと、この言い伝えを知ったのは地方紙の記事を見てなんですが、子供時分に、祭りの日になると、鯉女というのがおりました。

それが、どういう人かと言いますと、子供の前に出て小銭をせびるんです。

祭りの日に、木陰や人影の無い場所にこう髪がだらりと長い女が一人立っていて、子供を手招きして呼ぶんですよ。

そして「難病を患っておりまして、その治癒のために禁忌を破って、鯉の血を啜ったことから難儀しております」とかなんとか、言うわけです。

で、着物の袖を捲《まく》って、チラリと腕を見せるんです。それが、錦鯉の皮膚というか白と赤い色で鱗に覆われた腕で、作り物にはとうてい見えませんでした。

僕は不気味だったし、女の人が本当に哀れで可哀そうに思えましてね、祭りで見かけるたびに少ない小銭を渡していました。と言っても数十円程度なんですけれどね。

祭り以外の時には見かけなかったので、鯉女と呼ばれていた人が普段何をしていたのかは分かりません。

もしかしたら、あちこちの祭りを渡り歩いて腕を子供に見せながら、小銭を集めて暮らしていたのかもしれません。

当時、僕と同じ学校に通っていた子から、小遣いをやるのは惜しいから、金魚すくいの屋台で掬《すく》ったばかりの金魚を鯉女に渡したところ、赤い尾を摘まんでつるりと飲んだ、という話を聞いたことがあります。

自分が子供でなくなったせいか、それとも別の事情があったのか、祭りに行ってもある時から鯉女を見なくなりました。

それにしても、当時ですら知る人が稀な鯉の生き血の伝承を語って、何故あの人はあんなことをしていたんでしょうか。今も時々、夏近くに祭囃子《まつりばやし》の練習なんかを聞くと、暗がりで見た、鱗に覆われた赤と白い模様のついた細い腕を思い出してしまうんです。

成相寺の不思議な話

京都府の宮津《みやづ》市にある成相寺《なりあいじ》の由来は、かつて真応上人《しんおうしょうにん》が霊地を求め諸国を旅していたところ、この地の風景に縁を感じたので、庵を建てて修行に励んでいたことからはじまります。

庵を建ててから数年経った、慶雲元年（七〇四年）のある日、襤褸《ぼろ》を纏った老人が現れ、上人の前に観世音菩薩像を置いて立ち去って行きました。

上人はあばら家のような庵では申し訳ないと思い、観音像を安置するための堂を村人と共に築き、しばらくは穏やかな日々が過ぎていきました。

しかし、何度目かに迎えた冬のことです。

今までに見たことのないような雪が降る日がいつまでも続き、嵐も吹き荒れ、少しも外に出ることが叶わないような有様でした。

夏がいつもより冷たい年だったせいもあり、もとより少なかった庵の食料は尽き、上人は雪を体温で溶かして唇を濡らし、読経しながら後は餓死するのを待つばかりというような状況に陥ってしまいました。

死を予感した上人は「今日一日だけでいいので、生きる食物をお恵み下さい」と本尊の安置してあるお堂の方に向かって祈りを捧げました。

するとどこからか、血の匂いが届いたので、上人が庵の外を見ると、深い傷を負った一頭の鹿が雪に塗《まみ》れたまま身を横たえていました。

白い雪に赤い血が染み出していて、黒く濡れた鹿の目は何かを決意しているようにも見え、僧として肉食の禁戒を破ることに上人は思い悩んだのですが、命には代えられず、決心して左右の鹿の腿《もも》をそいで鍋に入れて煮て食すことにしました。

やがて雪も止み、村人たちが上人を心配してやって来て見ると、お堂の観音像の腿が切り取られており、庵に掛かった鍋の中には木屑が散っていました。

それを知らされた上人は、観音菩薩が鹿の姿になって助けてくれたことを悟り、木屑を拾って観音像の腿につけると、少し食べたせいか細ってしまっていたが、元の通りになりました。

これにより、この寺を、願う事成り合う寺、成合（相）寺と名付けたそうな。

そんな成相寺で、慶長十四年（一六〇九年）に新しく鐘を作ることとなった。

一回、二回と鋳造に失敗し、三回目の鋳造の日、今度こそ成功するだろうかと多くの見物客が押し寄せていた。

その時、近くで乳飲み子を抱えて銅湯の坩堝《るつぼ》を覗き込んでいた女がいた。

女が胸に抱いていた子が急にむずがったので、あやそうとしたところ過《あやま》って、坩堝に落としてしまった。あっと声をあげる間もなく、親の見ている前で子はぐずぐずに煮え立つ銅の中に消えてしまった。

皮肉なことに、三回目の鋳造は成功し、黒々とした立派な大きな鐘が完成した。

ところが、鐘を撞《つ》くたびに赤子が鳴くような声で鳴った。人々が子供の成仏を願い、寺では一切、この鐘を撞くことを禁じ、鐘堂《しょうどう》を木で覆ってしまったという。

以前、こっそりと禁を破って学生が鐘堂に忍び込み、鐘を撞こうとしたところ、木のどこかにひっかけたのか、ザックリ掌《てのひら》を切ってしまったそうだ。

今も時折、夜に風に交じって鐘の方から、赤子のすすり泣くような弱々しい声を聞く人がいるらしい。

相成寺には不思議な伝承が幾つも残っている。

腿を削って食べられた観音像は秘仏で三十三年に一度の御開帳となっており、次回は二〇三八年の予定だそうだ。

千鳥ヶ淵

恐怖のあまり糞を漏らした兵が、袴を糞まみれにして逃げ惑った場所だったので「糞《くそ》袴《はかま》」となり、それがなまって久須婆《くずは》となったという。

そんな由来を持つ樟葉にある、くずはモールの喫茶店で、京都市内在住のNさんから聞いた話。


Nさんの生まれは千葉県らしいのだが、学校の修学旅行で訪れた京都に一目惚れし、以来ずっとここに住みたいと強く願い続け、その思いを大学の志望を京都の学校にして叶えたのだという。

そんなNさんが京都市内の中でも好きなのが、嵐山の千鳥ヶ淵《ちどりがふち》の辺りだそうだ。

「JR保津峡《ほづきょう》駅近くに千鳥ヶ淵っていう淵があるんですが、嵐山が観光客でごった返していても、その辺りはあまり有名でないせいか、人通りは比較的少ないんです。

千鳥ヶ淵は紅葉の季節も大変美しいのですが、私がとくに好きなのは梅雨《つゆ》時の朝ですね。翡翠《ひすい》色の水の流れに白い霧が立ち込めていて、鮮やかな新緑の色と対比するような曇天の日なんか最高です。雨が降っていたら、それはそれで、傘の中が自分だけの特別な結界の内の世界のようで素敵でしょう?

千鳥ヶ淵は昔、建礼門院《けんれいもんいん》(平清盛《たいらのきよもり》の娘で高倉《たかくら》天皇の中宮)の侍女であった横笛《よこぶえ》の美しさに斎藤時頼《さいとうときより》が心奪われてしまって、彼女に文で夜通うことを願い出たんです。

横笛は時頼の気持ちに応えたんですが、身分違いの恋で周りの反対もあって、一緒になることは叶わず、時頼は失意のうちに出家してしまって、嵯峨《さが》の往生院《おうじょういん》で滝口入道と呼ばれるようになりました。

しかし、一度燃え上がった恋の炎を横笛は消すことができず、入道に会うために一人、遠路はるばる往生院まで尋ねに来てしまいました。

ですが、滝口入道は横笛に会わず、人を介して自分は仏堂に入ったのでその妨げになるようなことは慎みたいので会えないと伝え、それを聞いた横笛は指先を噛みきり「山深み思い入りぬる柴の戸のまことの道に我を導け」と岩の上に血文字で書いてから、帯で足をくくって川に身を投げてしまい、遺体が千鳥ヶ淵に流れついたということです。

そしてね、ここは川の流れが滞留するためか、今も遺体が流れつくんです。

事故なのか、自殺なのか……。

だから、よくお花がね、淵にお供えしてあるんです。


去年の梅雨の時期、コロナ禍の影響もあって人通りはなくて。一人で、傘に当たる雨だれを聞きながら歩いていると、川辺りに置かれた献花の側に、蹲っているお婆さんがいたんです。

上半身は薄い木綿のシャツを着ていて、髪の毛は真っ白で長さは肩くらい。

全身がぐっしょり濡れていたので、具合悪いのかしらと思って、話しかけてみたんです。

そしたら、そのお婆さん、急にすくっと立ち上がって、私の顔を覗き込むように見たんです。数秒の間でしたが、今もはっきりとその姿は思い出せます。両手に何かを持っていて、頬張っていて……。それは、よく見てみたら、淵に供えられていた花で、むしゃむしゃと食べているだっていうのが分かりました。口の端から花びらが零《こぼ》れていたし、それに目がね、白目の部分が緑色というか、淵の水と同じ色をしていました。

この人は、きっとこの世のものではないなと思って、私、踵《きびす》を返して傘もそのままに走って駅まで行って、家に帰ったんですが……その後のことはどうしてか、よく覚えていないんです。

だけど、千鳥ヶ淵が好きなのは変わりなくって、今も通っていますね。

雨の日も行きますよ。でも、何か見そうだなって予感があったり、献花を見かけた時は早めに帰るようにしています。それと、あの辺り、最近調べて知ったのですが、心霊スポットらしいですね。

だからかな、私の夫も、千鳥ヶ淵の近くで半透明に透けた男の人がずっと川を見ていたり、ベンチに首をずっと掻きむしっているおばさんが座っていて、近くに行くとすうっと消えたのを目撃したことがあるっていうんです。

昔からある場所ですし、何かがこの世のものじゃないのを寄せているのかも知れませんよね。でも、私、死んだら、どうせなら好きな場所、千鳥ヶ淵に化けて出たいかな。あの場所にならずっとずっといてもいいかなって思える魅力が確かにあるんです」

絵馬泥棒

京都市内にある神社の関係者から聞いた話。

ガイドブックにも定番と言っていいくらい、よく載っている有名な神社ということもあってか、特定される情報は伏せて欲しいと言われた。


数年前、その神社にいるXさんは、神社の絵馬が盗まれることに悩んでいた。

一枚や二枚でなく、ごっそりと十数枚が盗まれてしまう。

絵馬をかけて翌日、神社を訪れた人に苦情を言われることも何度かあったので、防犯カメラを増やし、警察に被害届を出して巡回を増やしてもらうことにした。

しかし効果はなく、相変わらず絵馬は盗まれ続けた。

仕方なく、絵馬堂を移動して住居スペースの近くに置くことに決めた。そして、人感センサー付きの照明器具も取り付け、防犯カメラも、ホーム・セキュリティに一体型のものに変えた。

それでも絵馬は盗まれ続け、その数や頻度も酷くなる一方だった。

夜でなく、明るいうちに盗まれるのかもと思い、アルバイトや巫女《みこ》さんたちが、絵馬堂の横でお守りの物販を行うようにしたが効果はなかった。

まるで消えるように、いつの間にか絵馬が失せていたそうだ。

巫女さんたちも、トイレに行ったり食事休憩をしたり、道案内の手助けをするなどして、絵馬堂の横を離れていた時もあったという報告もあり、交代で休憩していたとはいえ、目を離した時間があっただろうとXさんは思い、「今度は自分も犯人を捕まえるために絵馬堂の側になるべくいるようにします」と、神社に勤める皆に言った。

それから、絵馬はXさんが立ち会った効果かどうかは不明だが、無くなる枚数も頻度もガクっと減った。

しかし、喜ぶのも束の間、数か月後、また再び絵馬が消え始めた。

このままではいけないと、神社の関係者が総出で調査した結果、昼間に無くなるのは数枚で、それ以外の多くは夜の間に盗まれているのが判明した。調査結果を警備会社と警察に伝えて、あとは任せようという意見が出たが、それでは駄目だとXさんは思った。

「まだ寒い時期ですが、私が夜間も絵馬堂の見張りに立ちます！　絵馬泥棒を一日も早く見つけて解決しないと駄目でしょう。だから、他人任せにせず、私がどうにかします！」

彼女はそう決意のほどを神社の皆に告げ、足の裏から冷気が沁み込んで凍えるような、京都市内の寒い冬の夜に、白い息を吐きながら絵馬堂を見張ることにした。

防寒に登山用の分厚いダウンを着て、靴下を重ね履きしていたが、それでも体中の関節が痛みを感じるほど寒かったという。


「座っていると余計に寒いから、その場に立ってね、音を立てないように気を付けながら小さく足踏みして体を温めていました。カイロもポケットに入れていたし、発熱素材の下着も身につけてたけど、痛みを感じるほど、猛烈に寒かったです。気温はそれほどでもないんだけれど、北山から吹く風のせいでしょうか、京都市内の冬の夜って、体感温度が氷点下らしいんです。おかげで今もあの夜を思い出すだけで嫌になるくらい」

取材中に、Xさんは繰り返しこんなことを言っていた。


そんな寒中に辛い思いをして、何夜も張っていたおかげだろうか。

まだ夜も明けない早い朝の時間に、神社の玉砂利を踏みしめる音がして絵馬堂の辺りで止まった。

こっそりと、そちらの方を見ると、小柄なフードを被った人物が絵馬に手をかけていた。人の願いが込められた絵馬を盗むだなんて許せないとXさんは思い、寒さのせいで悴《かじか》んで上手く動かない体で、その絵馬を鞄に入れようとしている人の前に立った。

すると、そこにいたのは気の弱そうな小柄な女性だった。

年齢もかなり若く、十代の半ばくらいに見えた。

こんな時間にこんなことを何故？　と思いながら「何をしてるんですか？　ここにかかっている絵馬を盗んだら窃盗ですよ」と声をかけた。

すると目の前にいる絵馬を手にした女性が、

「命令されてやってるんです……」

小さな声でそう答えた。

「こんな時間に？　いったい誰に？　罰ゲームとか？　いじめ？　一人でこんな時間に絵馬を盗むだなんて尋常じゃないでしょう。どういうことなのか説明してくれますか？」

そういうと、目の前の女性は、

「人に、命令されているんじゃないんです……絵馬を盗めって……人じゃないものに命じられているんです……」

と言ったという。

冗談ではぐらかされていると思い、思わずカッとなったXさんは「ふざけないで！」と声を荒げて言おうとした時に、女性が目を見開いて「今も後ろにいて……」と何かを言いかけた。すると、絵馬堂にかかった絵馬が急に一斉にガタガタガタッと鳴りはじめたという。

えっ？　とXさんが気を取られていると、女性は走って逃げてしまった。

ただ、じゃっじゃっじゃっと玉砂利の上を駆けていく足音が二人分だったそうだ。

そして、それ以来絵馬は盗まれなくなったという。

K大学にまつわる話

京都市内にキャンパスのあるK大学で、以前工学部の教授を務めていたというH先生から聞いた話。

「大学におった頃ね、怖い話好きや言う子がおってね、幾つか聞いたのがあるよ。僕はね、お化けは見たことはあるけど、おるかどうかはどっちでもいいというか、考えたくないってタイプかな。

昔、住んどった下宿がね、元々置屋やったとかで、夜になんべんか、三味線と女のする咳の声が聞こえてきたことがあってね、たまらんなあと思ったことあるけど、もうその時点で考えるん止めたもん。

深夜にね、吉田神社のクスノキの近くで、人間業とは思えないような金切り声が聞こえてくるって聞いたことがある。教養が一緒やったブント（六十年代の安保闘争時にあった、学生達による共産主義者同盟）に入っていた奴がそう言っててね、あれも嘘を言うてるようには思えんかったかな。

他に学内の怪談ねえ……えーっと、教え子から聞いた話で、二十四時間の実験明けの夜中にちょっと外に出たら、学内を誰も乗ってない自転車がシャーッと走っとったとか。農学部の校舎の辺りで、ウサギをメスで捌《さば》いているやばそうな人がおって、警備員呼んで戻ったらそこには青い液体の水溜りだけがあったとか。

えーっと他に……あとはねえ、時々『ギャー!!』って大きな悲鳴が聞こえるみたいな話があって、噂だと、うちの学校のOBが中央玄関で母親の脳みそを抉《えぐ》り出して殺した事件が昔あったとかで、その声は犯行時の雄叫《おたけ》びと、母親の断末魔だとか。

なんか本当に、戦後まもない昭和の頃に、うちの大学の心理学科の卒業生で、就職浪人やった人がね、母親の頭を仏像でガンガン何べんも殴打して殺害してから、長い竹串を何本も目玉から刺して脳を抉った上に、構内で死体を引きずった事件があったんやってね。犯人は小説家になろうと思とったけれど、成果を出せんで、思い詰めるあまり心を病んでしまったそうで。就職先を教授が世話してくれることになったとかいう理由で母親を呼び出して殺害したらしいですよ。逮捕されてから、犯人は拘置所内で自殺しはったらしいね。

他にも学生運動時代にリンチされた学徒の幽霊が立っとったとか、そういう噂は昔っからあったけどね。僕はそういうのは見たことないけどね。

そもそも、文学部とかの生徒さんの方が、この手の話は詳しいんと違うかなあ？　あっでも、もう一つ思い出した話というか、体験がありました。

時計台の近くで、綺麗なドレスみたいな服を着ているのに、裸足の子供がおってね。あの近く、洒落たレストランあるから、そこから退屈で出てきて、一人で遊んでいるのか、迷子かなと思って声かけたんですよ。そうしたら、僕の方に片手を伸ばしてきて「はい、これを貰ってくださいって」と言われて、ぽんっと手の甲を叩かれたの。

すると急に耳鳴りがキーンとしてね、その場でしばらく立たれへんようになってしまったの。霍乱《かくらん》かなと思ってふらふらしながら立ち上がったら、少し離れた場所で、その裸足の子がこっち見て指さして笑ってんの。なんか言おうとしてんけど、子供の姿が目の前でパッと消えた。

うだるような暑い日やったし、湿度と熱射のせいで見てしまった幻やろうと納得することにして、よたよたよろけながら、研究室に戻ったら、パソコンのデーターが全部いかれとった。バックアップ取ってあった分と、業社に頼んで復旧できた分があったから良かったけど、あれが今まで生きてきて一番肝が冷えたことやね。原因とか、関係とか、理由とか、深くは考えませんよ。そうしないようにしているから。理系なのに変だって言う人いるけれどね、例えば自然現象も理由が分からないものが多いでしょう。分からないものを解明するのは理系でも、僕のやっている範疇《はんちゅう》の学問ではないの。現象は現象として記録するだけ。理由や因果は、またそれを専門とする人がやるって思っているから。現象と作用と結果を記録して、望む結果を実験で出せるかどうかをやるというのが、僕が長年やってきたことやね。できなかった場合はできなかったと記録する。地道な繰り返しよ、学問は。

と言いましても、僕は今は隠居の身やし、先生によっても考え方は異なるでしょうけどね。

そやけど、なんで僕に取材に来はったんです？　もっと現役の専門の先生とかいるでしょうに。でも話していて、怖い思いした体験を思い出せて、面白かった」

H先生はそう言うと、私にペットボトルのお茶と、チョコレートを勧めてくれた。今後もK大学の生徒や先生に、怪談の聞き取りは定期的に行ってみようと企《たくら》んでいる。

六角獄舎

六角獄舎《ろっかくごくしゃ》は、中京区六角通りにあった監獄跡で、元々は牢屋敷といって小川通御池上ル西側にあったのだけれど、宝永五年（一七〇八年）三月八日に起こった宝永の大火で、中京区の六角通神泉苑西入南側に移転してから六角獄舎と呼ばれるようになったらしい。

幕末の混乱の中、井伊直弼《いいなおすけ》が主導した安政の大獄による政治犯や、過激な尊皇攘夷派志士らが、六角獄舎に多く捕らえられていた。

そんな折に、元治元年（一八六四年）の八月二十日に起こった、どんどん焼けと呼ばれる、京の町を三万世帯近く焼いた火事が起こった。

火の勢いが六角獄舎に迫る中、西町奉行所・滝川具挙《ともたか》は、火事の時は捕らえられている囚人が、牢の中で焼け死ぬのを防ぐために、解き放ちが原則と知っていながら、苦労して捕らえた志士達を町に放てば、二度と再び捕まえられないのではないか……との思いから、判決が出ていない者も多くいたにもかかわらず、牢内の者の処刑を決めた。

死装束を纏った者がズラリと横一列に並び、次々と首を刎ねられてゆく様子を、坂本龍馬がおりょうへの伝言のために幹に「龍」の字を彫ったと伝えられている、獄舎の隣に今も残る武信《たけのぶ》稲荷神社の大榎《えのき》に登った子供たちが眺めていたという。

子供達は町の火事の様子を確かめようと、木に登ったところ偶然処刑の様子を見てしまったそうで、その子らの証言から、後日明らかになった事実もあるという。

処刑されたのは三十三名。中には、無実であったと噂される者も複数含まれていたそうだ。

そして処刑が終わった頃に、皮肉にも六角獄舎の僅か手前で京の町を舐めつくすように燃え広がっていた火は消えた。

つまり、火事で志士達が逃げてしまうかも知れぬという理由から首を斬ったのに、牢の門扉一つ焦がすことなく火が消えてしまったことで、処刑を急いだ言い訳ができなくなってしまった。

しかし、首を落とされた志士達を生き返らせることができるわけでなし、処刑された遺骸は藁《わら》に包《くる》んで運び出され、西二条刑場の椋《むく》の木の下に埋められた。

その後、六角獄舎内にある処刑に使った刀を洗うのに使っていた井戸の近くで、首より上のない裃《かみしも》を纏った男が現れるという噂が京の町で囁かれることとなった。

他にも井戸の水が急に朱に変わったり、雨の日に、白い首が並んで浮いているのを牢屋役人が見ることもあったそうだ。それだけでなく、筵《むしろ》が何も無いのにめらめらと炎に包まれて燃えているように見えたという、鍵を管理する鍵役人の証言なども当時あったそうだ。


現在も心霊スポットという噂だが、その六角獄舎がかつてあったという場所の碑の近くで、近所の人たちに聞き取りを行ってみたが、何かを見たり感じたというような話は採取できなかった。

首洗いの井戸を完全に埋め立ててから、何も出なくなったという人もいたので、そうなのかも知れない。

ちなみにこの処刑の切っ掛けとなったどんどん焼け火災が、明治天皇が東京に行幸した動機の一つと噂されている。

胡瓜封じ

数年前、京都に住んでいた時に、かつて同じ塾に通っていたN子に会った。

もう学生時代は、何十年も昔のことだというのに、N子は十代の頃と見た目も雰囲気もあまり変わっていなかった。


「お久しぶりー。京田辺から移って今は大阪に住んでるんやって？

ねえねえ、京都って祇園祭のある七月の間は胡瓜《きゅうり》を食べちゃ駄目って言われてるでしょ。その理由は、八坂神社の御神紋が胡瓜の切り口に似てるからってことになっているけど、あの理屈に疑問を抱いたことってない？　胡瓜って持ち運びもしやすいし、水分もたっぷりで夏には欠かせない野菜でしょ。なのに、どうして京都だけ七月の間は食べないのか。

高良《こうら》大社や養父《やぶ》神社も八坂さんと同じ御神紋やし、祇園祭も日本全国のあちこちでやってんのに、胡瓜を食べない風習は京都だけでしょ。どうして他の場所では胡瓜を食べへんのか、気にならへん？　うちが考えた理由はな〝秘術〟の胡瓜封じのせいやと思ってんの。

どういうことかっていうと、胡瓜封じは知ってるやろ？　弘法大師が中国から持ち帰った秘術で、紙に病名を記入し、胡瓜を包んでから、身体の悪いところを『のおまく、さんまんだ、ばざら、だんかん』と真言を唱えながら四日間撫でる術。すると、撫でた胡瓜に悪いものが乗り移るから、それを人が決して踏まない場所に埋めるか、朝に川に流すんや。有名なんは京都の五智山蓮華寺やけど、他のお寺さんでも夏にやってることあんねんて。

でもな、本当の胡瓜封じはちょっとやり方が違うらしいねん。

途中まではやり方一緒なんやけどな、胡瓜を埋めたり流すんじゃなくって、人に食べさすんやて。そうしたら悪い病がその胡瓜を食べた人に移して治るみたい。

だから、用心のために胡瓜を祇園祭の間は食べないのと違うかなって。

なんで、そう思ったかというとね……この秘術、実は学生時代に知ってん。

うちらの学校お弁当やったやん？　うちねえ、胡瓜のスライスを持ってって……学校のクラスメイトで試してん……。

そういえば、あんた昔、入院しとったよね。

ううん。なんでもない。

何をしたかっていうと、ニキビを治したかったから、肌のきれいな子のお弁当にちょこっと胡瓜入れただけ。軽い呪いって感じ。遊びのつもり」

ふふふっと目の前のN子は笑い、ストローでジュースを飲んだ。
彼女の鞄から、和紙に包まれた胡瓜が何本も覗いていた。
七月の京都の夏は暑い。

参考文献

『史料京都の歴史　9　中京区』（京都市／編　平凡社　1985）
『京都御役所向大概覚書　上巻』（岡田信子／[ほか]校訂　清文堂出版　1988）
『日本の古地図　10　京都幕末維新』（講談社　1977）
都市史25　蛤御門の変とどんどん焼け（京都市情報館）
武信稲荷神社　http://takenobuinari.jp/enoki.html
あまのはしだてねっとhttps://www.amanohashidate.info/kankou/nariaiji.html

京都怪談　猿の聲

2022年8月5日　初版第1刷発行

著者……………………………………… 三輪チサ、緑川聖司、Coco、舘松妙、田辺青蛙
デザイン・DTP ……………………………………………… 荻窪裕司（design clopper）
企画・編集 ……………………………………………………………………… Studio DARA

発行人……………………………………………………………………………… 後藤明信
発行所……………………………………………………………………… 株式会社 竹書房
〒102-0075　東京都千代田区三番町８－１　三番町東急ビル６F
email：info@takeshobo.co.jp
http：//www.takeshobo.co.jp
印刷所………………………………………………………………… 中央精版印刷株式会社